Walter Sedlmayr

Alles nicht so wichtig

Zeichnungen Josef Oberberger

rosenheimer

Inhalt

I. Von der Kunst, in schlechten Zeiten Schauspieler zu werden und griechische Lammfleischpflanzerl zu braten

Es ist jetzt Mode, daß einer, der was anfängt, erst einmal erklärt, warum und was er machen will, und warum er's so macht und nicht anders.

Was ich machen will? Sie ein bissel unterhalten, hinter die Kulissen schauen lassen. Denn Kulissen gibt's nicht nur im Theater und im Fernsehatelier, nein, die sind überall. In der Politik, in der Wirtschaft, im Zusammenleben werden Kulissen aufgestellt, um den Schwindel dahinter, hinter der Bühne zu verdecken, und um den Schwindel auf der Bühne schöner zu machen. Ich schau halt gern hinter die Kulissen.

Mit dem, was ich heute beruflich mach, hab ich 1945 beim Bayerischen Rundfunk, damals noch Radio München, angefangen. Das war so: Ich bin eines Tages ins Funkhaus, hab einen Amerikaner gefragt, ob er irgendeine Beschäftigung für mich hätte. Außer etwas Oberschul-Englisch habe ich nichts können. Aber Englisch war halt damals fast so wertvoll wie ein Verwandter auf dem Land. Ein zweiter Amerikaner ist dazugekommen, Mister Grünfeld, er war ziemlich dick. Ich auch. Die Dicken sind damals noch nicht so verachtet worden wie heut. Nein, beneidet hat man uns.

Die letzten Jahre allerdings kommen Nachrichten aus Amerika, die den Dicken wieder Hoffnung geben. Wir sollen gar nicht so ungesund sein. Wer also eine Abspeckkur vor hat, wartet besser noch einige Zeit damit.

Aber daß ich weiter erzähl: Der dicke Mister Grünfeld hat geglaubt, ich möchte mich als Sprecher bewerben und hat mich für Sonntag Mittag bestellt, um eine Volksmusiksendung anzusagen. Das habe ich gemacht. Ich glaub', es war furchtbar. Aber telefonische Proteste blieben aus, es hat ja kaum jemand Telefon gehabt. Dem Mister Grünfeld hat's gefallen, denn er hat kaum was verstanden, und die Deutschen bei Radio München haben nichts gesagt, weil sie mich für einen Protegé der Amerikaner gehalten haben. Fünf Sonntage habe ich das gemacht, dann ist ein Nachfolger gekommen, der leider besser war. Aber von da an war ich Schauspieler – hab' ich geglaubt.

Die ersten Jahre ist's ja noch ganz gut gegangen. Ich war jung und wie gesagt, der Dicke. Immer wenn man so einen gebraucht hat, wurde ich geholt. Ein Theaterdirektor hat mich einmal nur engagiert, weil er geglaubt hat, ich hätte einen Vater mit einer Metzgerei. Leider hat der keine gehabt. Und von der Schauspielerei überhaupt nichts gehalten. Koch hätt' ich werden sollen, »dann hast wenigstens dein Essen«.

Die kommenden Jahre habe ich in mehreren Heimatfilmen mitgespielt, die fast alle verbrannt sind. Sie kommen also nicht mehr im Fernsehen. Meistens irgendeinen Dorfdeppen, der beim Fensterln von der Leiter in den Misthaufen fällt oder der vom Liebhaber, der Liebhaberin, von Vater und Mutter oder von allen zusammen Watschn kriegt.

Die Rollen waren so klein, daß ich im Kino nicht umschauen durfte, schon war ich wieder weg von der Leinwand. Und immer irgendwo ganz hinten, ganz klein und unscharf. Außer meiner Verwandtschaft und der Milchfrau hat mich kaum jemand gekannt. Einen Fan hatte ich allerdings: meine Mutter. Aber auch sie hat gemeint: »Wärst halt Pfarrer worn, dann hättst dein Sicheres«. Aber ich war ausdauernd und hab immer gesagt, meine Chance kommt noch. Daß das 25 Jahre dauert, habe ich Gott sei Dank nicht gewußt.

Seit dieser Zeit habe ich übrigens eine Abneigung gegen dieses Folklore-Bayern-Deppen-Theater. Ich weigere mich, da mitzuspielen. Ich finde, wir Bayern sind viel interessanter als wir uns manchmal selber darstellen. Wir sollten unser Bayerntum auch nicht zu weit raushängen lassen und übertreiben. Es muß ja net jedes Haferl und Handtuch weißblau gerautet sein.

Ich erzähl' das alles nicht, weil viele Schauspieler glauben, ihr Leben vor der Öffentlichkeit ausbreiten zu müssen. So interessant sind wir nicht, daß wir unsere Liebschaften, Krankheiten und Erlebnisse auf den Markt werfen müssen.

Glauben Sie nichts, was Sie in Interviews lesen und hören. Da ruft ein meist fremder Mensch an und meint: »Wir müssen mal unbedingt was zusammen machen.« Bei Künstlern sagt man zu allem »machen«. Fernsehen, Film, ein Bild, ich mach' jetzt ein Buch oder eben ein Interview machen. Daß man eigentlich nichts machen mag, traut man sich nur selten zu sagen, es gehört halt dazu.

Am schlimmsten sind die Reporter, die ins Haus kommen. Alles muß aufgeräumt werden, die wollen ja fotografieren, und wie ein junges Ehepaar, wenn der Chef oder die Verwandten kommen, stellt man sein bestes Geschirr auf den Tisch und Blumen, weil Erfolgreiche immer Blumen kriegen. Und wenn man keine kriegt, kauft man welche. Was zu essen herrichten, nicht zu üppig, damit die Reporter nicht glauben, man möchte sie bestechen. Was anziehen? Haushose, grad aus der Bastelwerkstatt, oder vom Schneeräumen. Denn wenn man einen Anzug anzieht, glauben die, man hätte auf sie gewartet. Natürlich hat man gewartet. Ein halber Tag ist schon kaputt.

Dann kommt er, oder sie, oder alle zwei, mit drei großen Taschen und Lampen. Schon am Gartentürl finden sie das Haus entzückend und romantisch. Wie bestellt, geht eine alte Frau vorbei und strahlt: »Grüß Gott, Herr Sedlmayr!« Da findet der Reporter, daß man wahnsinnig populär wäre, und wie denn das wäre. Wenn ich schlecht aufgelegt bin, sag' ich: »Man darf in der Öffentlichkeit dann nicht mehr in der Nase bohr'n«.

Das finden sie dann auch entzückend, ein »echter Sedlmayr«. Aber denken tun sie: »Der soll froh sein, daß ihn jemand kennt und daß wir kommen, davon lebt er nämlich«.

Nach vielen Fragen, warum man auf dem Land wohne, wie lang schon, ob man das alles alleine mache, bringt man die zwei und die Koffer ins Haus.

Da ist der Vorplatz wieder entzückend – entzückend ist es bei Reporterinnen. Männer sagen: »Urig«! Und Jüngere »stark«. Man wartet, daß sie sich die Füß abputzen, aber das tun Reporter nie. Morgen muß die Zugehfrau kommen.

Im Haus wird jede Tür aufgemacht, und alles ist wieder entzückend. Die Mutter kommt aus irgendeinem Zimmer, die wird auch sofort entzückend und so jung in ihrem Alter gefunden, und man möchte unbedingt ein Foto mit der Mutter machen, möglichst noch mit Hund und Katz und Vogel. Aber wir haben keinen Vogel.

Meine Mutter mag nicht und geht. Die hat's leicht.

Dann in die Küche. Irgend jemand hat einmal geschrieben, daß ich immer in der Küche stehe und koche. Aber Fotos als Koch mag ich heut nicht. Beim Basteln! Ich hab aber zur Zeit keine Zeit zum Basteln. »Ja, haben Sie denn sonst kein Hobby?«

»Doch. Wasserhahn richten, wenn er tropft, Hecke schneiden, Mähen, Anstreichen.«

»Das tun doch alle, das ist zu wenig originell.«

Lesen, denken, schreiben, Musik machen und hören, das ist nicht fotogen.

Dann hat der Reporter meist eine originelle Idee für ein Foto. Der Künstler mit einem Drehbuch beim Rollenstudium. Da muß das Sofa verrutscht werden, weil der Hintergrund nicht gut ist, Flaschen auf den Tisch davor, und natürlich Blumen, Kerzen und Verehrerpost. Einer wollt' im Sommer mal einen Christbaum aufstellen, weil das Bild für Weihnachten geplant war.

Ich lerne nie eine Rolle auf dem Sofa, trinke nichts dabei, keine Kerzen brennen und die Post mach ich am Schreibtisch. Die Wohnung ist umgestellt. Jetzt kommt das Interview, da geht die Lügerei erst richtig los. Der Reporter hat natürlich vorher über sein Opfer im Archiv gelesen. Da liegen wir alle und werden abgerufen, wenn man uns braucht.

Jetzt kommen die interessanten Fragen: »Sind Sie privat auch so?«

»Wie?«

»Ja, so manchmal ein Grantler?«

Da muß man schon aufpassen. Das hat was mit Image zu tun. Ein Image ist das, was die Leute glauben, wie man privat ist – aber es ist meistens künstlich, man macht es, wenn man bekannt wird, entweder selber, man kann es aber auch bestellen. PR-Agenturen arbeiten das aus, wie man's braucht. Das Ganze ist eine Preisfrage. Ein schlechtes Image kostet weniger. Aber es gibt Leute, die auch von einem solchen ganz gut leben können. Wichtig ist, daß man überhaupt eins hat. Das Image muß vom ersten Tag an passen wie ein Maßanzug. Denn ändern kann man es nicht mehr. Wenn man also ein Grantler-Image hat und der Reporter merkt, daß man auch lustig, traurig, heiter, still, fröhlich ist, also Stimmungen hat, wie jeder Mensch, so ist er irritiert und er schreibt möglicherweise einen Blödsinn. Blödsinn schreibt er auf jeden Fall, aber da schreibt er einen größeren.

Frage 2: »Sind Sie ein echter Münchner und Bayer?« Da muß man nicht aufpassen, da kann man gleich ja sagen.

Frage 3: »Sie spielen meistens Bayern.« Da muß man jetzt wieder aufpassen. Denn damit meint der Reporter: »Du kannst ja nichts anderes. Du kannst nicht einmal hochdeutsch, du bist ein dummer Bayer, eigentlich ein Bauerntheater-Spieler.«

Es hat keinen Sinn, ihm zu erklären, daß man Bayern lieber spielt, weil man sie halt genauer kennt, man sie für interessantere Charaktere hält. Und ihm den Unterschied zwischen Bauerntheater, Volkstheater, Fernsehrealismus klarzumachen, hat keinen Sinn, das will er nicht hören. Eigentlich hätte er es am liebsten, wenn man jetzt jodeln würde, aber den Gefallen tu ich ihm nicht.

Frage 4: »Sie leben als Junggeselle, Single, sagt man jetzt?«

»Ja.«

»Sind Sie ein Frauenfeind?« Damit meint er oder sie: »Na, du bist ja was ganz Abgefeimtes, ein stilles, trübes Wasser, weiß Gott, was du alles treibst.«

Da muß man jetzt auch wieder aufpassen, wenn man ihm die Illusion nimmt, daß man so allerhand treibt, wird man als langweiliger Spießer geschildert. Wenn man aber ehrlich sagt: »Ich hab als Junger halt nicht die Richtige gefunden, und jetzt hab ich so viele Eigenheiten, die ich nicht aufgeben möchte, weil sie ein Teil meiner Persönlichkeit sind. Vielleicht find' ich nochmal eine Junge, die nett ist und kochen kann«, dann schreibt er:

»Walter Sedlmayr sucht eine junge Köchin.«

Da schreiben mir dann aber keine Junge – nein, liebevolle Witwen mit Kochkenntnissen, die ich so sehr an den verstorbenen Mann erinnere.

Frage 6: Da geht's jetzt mit'm Kochen an. Das ist einfach. Da verrät man ein Kochrezept, das man vorher in einem französischen Kochbuch gesucht hat. Weil Künstler müssen Feinschmecker und Anhänger der französischen Küche sein. Daß man Gansjung oder Kartoffelsuppe auch gern mag, um das zu verraten, müßte man ganz oben sein.

Daß man eigentlich ein ganz normales Leben führt, jeden Werktag um halb sechs Uhr aufsteht, sich das Frühstück selber macht, Zeitung liest und um 8 Uhr an seine Arbeit geht – manchmal gern und manchmal ungern – will keiner hören. Das ist doch nicht interessant für den Leser. Also lügt man was zusammen. Das wird wieder verändert und was rauskommt, sind die Berichte: »Zu Gast beim Künstler«.

Jetzt weiter in meiner Geschichte: Allmählich ist das Fernsehen erfunden worden. Es ist lange ohne mich ausgekommen. Damals emigrierte ich nach Schwaben. In Bayern habe ich keine Arbeit bekommen. Darum hab ich einige Monate in Stuttgart gewohnt, dann habe ich's aber nicht mehr ausgehalten und bin fast ein Jahr lang mit Netzkarte jeden Tag in der Früh per Bahn von München nach Stuttgart und um fünf Uhr zum Schlafen wieder nach München zurück. So hängt man an dieser Stadt.

Das Schicksal hat Erbarmen gehabt und mein schwäbisches Gastspiel beendet. In einer Silvesternacht: Ich hab den Auftrag zugeschanzt gekriegt, eine Life-Silvester-Sendung zu machen. Später habe ich dann erfahren, daß sie keinen anderen gefunden haben, der das machen wollte. Aber ich hab gedacht, das ist die Chance meines Lebens.

Großartige Ideen: Außenübertragung, Feuerwerk, Ballett kommt eine große Treppe herunter durch tausend Luftballons, das ganze Studio ist ein Ballsaal. Ich meine, sowas g'hört jetzt zum festen Inventar des Fernsehens. Kristall-Lüster, Schleiervorhänge, Blumenarrangements.

Die Dekoration von Musiksendungen schaut heute noch so aus wie das Schlafzimmer von der Frau Huber. Das wurde damals erfunden. Da waren das bahnbrechende Ideen.

Peter Frankenfeld sollte konferieren, er hat aber vorher schon den Braten gerochen und abgesagt. Sonst sind lauter unbekannte Größen aufgetreten. Jeder hat seine singende Freundin empfohlen. Und jeder hatte mindestens drei. Der einzige Star war Charlie Rivel.

Einige Tage vorher sind die Proben losgegangen, natürlich ohne Feuerwerk, ohne Luftballons. Das Orchester hat nur erzählt, was es spielen wird. Kurz, jeder hat sich halt auf sein Glück verlassen. Mir ist schon ein bissl Angst wor'n. Der damalige Papst ist krank geworden, und ich hab' im stillen immer gehofft, daß die Sendung ausfällt, wegen Staatstrauer. Der Heilige Vater lebte aber weiter, und die Sendung begann. Jetzt muß ich dazu sagen, daß es ein Zweites Programm noch nicht gegeben hat. Die Nation starrte gebannt auf den einzigen Kanal.

Ansagerin im Abendkleid – also nur oben rum – hat ein großartiges Feuerwerk angekündigt. Musik ab, der Bildschirm blieb schwarz.

Nach zwei Minuten haben die ersten Zuschauer angerufen, ob Bildstörung wäre. Es war aber keine. Denn ab und zu ist ein kleines helles Punkterl auf dem Bildschirm erschienen. Es war eben ein schwäbisches Feuerwerk. Niemand hat die Sparsamkeit der Stuttgarter bedacht.

Ein Mitarbeiter hat ein altes Feuerwerk aus Monte Carlo auf Film gesucht und nicht gefunden. Wie immer beim Beginn von Katastrophen, waren aber alle im Regieraum noch ganz ruhig. Und ich hab' immer auf schlechte Nachrichten aus Rom gehofft. Dann lassen wir eben das Feuerwerk und fangen früher mit dem Ballett auf der Treppe und den tausend Luftballons an.

Die Kameras schalteten um auf die Treppe. Dort sind ein paar Mäderln g'standen, vom Ballett, und haben geratscht. Sie haben das Rotlicht der Kamera gesehen und sind davongelaufen. Bild: Eine große leere Treppe. Lang. Da wird eine Minute zur Stunde. Mehrere Telefone haben geläutet, und der erste Zuschauer hat gefragt, ob wir wahnsinnig wären.

Einer im Regieraum, ein junger Assistent, war begeistert. Und hat immer gesagt: »Toll, das Bild, toll, das absolute Nichts«. Der ist später ein berühmter Jungfilmer geworden.

Nach einer Minute mit der leeren Treppe haben wir wieder auf's Feuerwerk umgeschaltet, das nicht stattfand. Inzwischen haben sich einige Schwaben erbarmt und ein paar Raketen gezündet. Der Aufnahmeleiter im Studio hat inzwischen die Mädchen vom Ballett wieder zusammengefangen und sie auf die Treppe geschickt. Im letzten Moment haben wir das im Regieraum erfahren. Kamera auf die Treppe. Bild: Grad noch die letzten Ballettmädchen, wie sie die Treppe runterlaufen. Dann wieder leere Treppe.

Der spätere Jungfilmer hat wieder gejubelt: »Das Nichts, großartig!«

Jetzt ist oben auf der Treppe der Requisiteur mit den tausend Luftballons erschienen und hat sie die Treppe hinuntergeschüttet. Na ja, das war dann schon ein bissl was. Inzwischen hat das Ballett im Studio einen aufregenden Cancan getanzt, aber da konnten wir nurmehr den Schluß zeigen. Weil niemand von uns wußte, daß das Ballett im Studio den Cancan tanzte. Man hat nur noch gesehen, daß die Zuschauer applaudierten. Aber gehört hat man nichts.

Der Conferencier, der für Peter Frankenfeld eingesprungen ist, hat die Zuschauer begrüßt. Man hat wieder nichts gehört. Die Sendung war wie »Abenteuer unter Wasser«. Das Mikrophon war ausgefallen.

Jetzt haben schon zwei Leute die Telefone bedient, und wir wurden in sämtlichen deutschen Dialekten alles geheißen. Der Jungfilmer war bereits betrunken. Dann hat einer das Feuerwerk aus Monte Carlo abfahren lassen, dazu hat man jetzt den Conferencier gehört, aber nicht mehr gesehen.

Der Intendant hat angerufen und ernste Folgen angekündigt. Der Fernsehdirektor drückte seine Besorgnis aus und ist gegangen. Mehrere Rundfunkräte und der Fernsehbeauftragte der evangelischen Kirche kündigten eine Anfrage an, und die Bildzeitung wollte ein Blitzinterview mit mir haben. Es wäre das erste gewesen, ich hatte aber keine Zeit, da ich in dem Chaos Regie führen mußte.

Nach einer Stunde haben sich die zwei Telefone beruhigt. Die einen haben abgeschaltet, die anderen wahrscheinlich den Fernseher zerschlagen. Dabei wäre es noch so schön geworden. Charlie Rivel ist aufgetreten, der einzige, der ruhig geblieben ist bei dem Durcheinander, und hat seine Nummern gemacht.

Das Unglück hat bis zwei Uhr früh gedauert. Meine Mitarbeiter haben mir besonders herzlich und schwäbisch ein gutes neues Jahr gewünscht und sind dann alle schnell weg. Ich bin zum Fernsehturm und wollte mich hinunterstürzen. Die Tür unten war aber zugesperrt. Dann bin ich zum Bahnhof und hab dort in der Restauration dritter Klasse

auf den Frühzug nach München gewartet. Seit dieser Nacht war ich nie mehr in Stuttgart.

Zuhaus hat die Familie kaum mehr mit mir gesprochen. Der Vater war sicher, daß man mich als Koch jetzt auch nicht mehr nehmen würde, vielleicht als Spüler. Meine Mutter schluchzte: »Was hast denn da gemacht, Bua? Des derfst aber nie mehr tun.«

Nach diesem Versuch als Fernsehregisseur bin ich reumütig wieder ans Theater zurück, als Regieassistent, quasi Regielehrling. Ich war der älteste Regieassistent Deutschlands, als Kaffeeholer sehr geschätzt, und als Schauspieler war ich wieder mal Anfänger und spielte Klein- und Kleinstrollen. So klein, daß ich sie in der Garderobe oft weitergespielt habe, und täglich war ich bei den Proben und hab den Großen zugeschaut: Ich komm' schon noch. Ich muß älter werden, jedenfalls hör ich nicht auf. Ich bleibe Schauspieler.

Dann ist allmählich die Zeit gekommen, in der mehr politisiert als gespielt wurde. Es hat nicht mehr genügt, die Leute zu unterhalten. Nein, sie sollten umerzogen und Gott weiß was noch alles werden. Schauspieler wurden Politiker. Es wurde Mode, das Publikum mit Resolutionen zu langweilen. Aus Theateraufführungen wurden Unterrichtsstunden.

Humor war was Verdächtiges, und Zuschauer, die sich nur mehr unterhalten lassen wollten, wurden für blöd erklärt. Wir haben damals von der Bühne runter die Leute beschimpft, und die haben sich das gefallen lassen.

Mir war das oft so peinlich, daß ich niemand mehr von der Verwandtschaft Freikarten geschenkt hab, und dabei hätt's so viel gegeben, denn viele sind nicht mehr ins Theater gegangen. Wenn damals ein Stück neu geprobt wurde, ist erst eine politische Unterrichtsstunde losgegangen. Der Schauspieler durfte auch nicht mehr sagen, daß er eine Rolle gern spielt, weil die Rolle gut ist. Nein, wenn er damit nicht die Welt verändern und alle Mißstände aufdecken wollte, war er der falsche Mann.

Vor lauter Versammlungen sind wir kaum mehr zum Proben gekommen. Wenn welche waren, dauerten sie viele Stunden, weil wir so viel diskutieren mußten.

Damals wär ich ein paarmal gern Koch geworden.

Ich bin weg vom Theater, wieder zum Fernsehen. Dort hab ich einen Koch gespielt: den Hofkoch Hirneis von König Ludwig II. Das war, wie man so sagt, der Durchbruch.

Bei meinen ersten Autogrammen, mit 45 Jahren, war ich so aufgeregt, daß ich mich

bedankt hab. Und wenn mir jemand nachgeschaut hat, bin ich vor Freude rot geworden. Nach einem Jahr hat sich das gelegt.

So, und dann hat man fast erreicht, was man sich so erträumt hat: Daß man nicht mehr nach dem Namen gefragt wird, sich manchmal eine Rolle wünschen kann, beim Metzger ein schöneres Stückerl Fleisch kriegt, der Taxifahrer beim Einsteigen freundlich lacht, aber auch, daß man nachts oft geweckt wird, weil jemand den Wunsch hat, mit einem zu reden. Man kriegt viel Post, Reklame und Anlageberatung. In Florida werden einem Orangenplantagen empfohlen, die zur Zeit noch unter Wasser liegen, in Alaska Goldminen, in Australien Bergwerksaktien. Neue Haare und alte Teppiche werden preisgünstig angeboten. Man wird eingeladen zu einem kalten Buffet nach Katalog, oder auf Schallplatten zu singen, und wenn man sagt, daß man das nicht kann, sagen's »Das macht doch nichts, die andern können's auch nicht«.

Oder man soll seine Memoiren schreiben, mindestens aber ein Kochbuch. Obwohl, kochen könnt' ich. Deswegen verrat ich jetzt auch ein Rezept, das ich aus Griechenland mitgebracht hab:

Fleischpflanzerl aus Lammfleisch

Man kann auch das durchgedrehte Lamm halb und halb mit Hackfleisch mischen.

Eier, Salz und Pfeffer, besonders viel Petersilie, wenig Zitronenschale, wilden Thymian, der schmeckt herzhafter, und Pfefferminzblätter frisch gehackt oder trocken, eingeweichtes Weißbrot dazu, wenig Fett, Zwiebeln und alles mit der Hand abmischen, anders geht das nicht. Kleine Pflanzerl formen und je nach Geschmack in Bratfett oder Olivenöl schnell braten.

Das wär ja noch nichts Besonderes, aber dazu macht man eine Creme aus Topfen, Joghurt, Rahm, süß und sauer, wenig Olivenöl. Wenn man es mag, viel oder wenig frischen Knoblauch dazu. Salz, Pfeffer, es paßt auch Grünzeug – Schnittlauch. In diese Sauce, die möglichst kalt sein soll, taucht man die heißen Pflanzerl. Gut dazu ist Gurkensalat.

Ich bin sehr froh, daß ich kochen kann. Krieg- und Nachkriegszeit waren gute Kochlehrmeister, denn nicht die Fülle mobilisiert die Phantasie, sondern der Mangel. Wenn man fünf Kartoffeln, eine Blutwurst und ein paar Gewürze hat und Hunger, dann lernt man's Kochen.

Ich bedaure auch nicht, daß ich das alles miterlebt hab. Denn ich hab die Erfahrung gemacht, daß ein gutes, verhältnismäßig sorgloses Leben nicht was Selbstverständliches, sondern ein Glücksfall ist.

Wir dürfen sagen, daß wir die letzten dreißig Jahre großes Glück gehabt haben. Und was ist daraus geworden?: Unzufriedenheit, Neid und Angst, daß es aufhört, das Glück.

Das heißt jetzt aber nicht, daß ich mir mit Gewalt schlechte Zeiten wünsche. Nur sollen wir etwas vorsichtiger und auch liebevoller mit uns umgehen, aber auch mit der Umwelt. Es gehört uns nichts. Wir sind Gast auf dieser Welt. Woher nehmen wir eigentlich das Recht, alles so zu verändern, wie wir es für unsere Bequemlichkeit brauchen. Und so bequem haben wir sie gar nicht gemacht, stellt sich heraus.

Vielleicht machen wir den Fehler, daß wir immer auf das große Glück, das große Ereignis warten. Das Leben besteht doch aus vielen kleinen und oft ganz unwichtigen Dingen. Die muß man wahrnehmen. Ein freundlicher Blick, ein Duft, ein Stück Musik, die man mag, auch Essen, ein Ratsch, ein schöner Satz, den man liest oder hört. Aus solchen Kleinigkeiten setzt sich ein Leben zusammen. Das soll man auskosten und nicht auf das große Ereignis warten. Sonst kann passieren, daß man darauf ein Leben lang umsonst wartet.

Niemand ist mehr so recht glücklich mit dieser Welt. Die Alten sagen, für uns langt's noch so wie's ist und die Jungen sollen sich's selber richten, wie sie's brauchen.

Politiker denken und planen von einer Wahlperiode zur anderen. Künstler von einer Mode, einer Trendwelle zur nächsten. Familien von einer Urlaubsreise zur nächsten. Gewerkschaften von einem Tarifabschluß zum nächsten. Und die Wirtschaft von einer Preiserhöhung zur nächsten. Wir haben aufgehört, in Generationen zu denken.

Aber an Weihnachten und Neujahr, da reden alle von den großen Zusammenhängen und von der Zukunft, die vor uns liegt, und die gemeistert werden muß.

Jeder will dazu beisteuern, aber auf irgendwas verzichten, was entbehren, will niemand. Ja, wenn man daraus einen Massensport machen würde, mit erstem, zweitem und drittem Preis, mit Medaillen und Auszeichnungen, dann könnte man vielleicht darüber reden.

Also hoffen wir, daß die Jungen gescheiter sind und uns nicht alle Fehler nachmachen.

II. Vom dornigen Weg auf die Bühne und der Möglichkeit, denselben mit Hilfe einer Obroschka zu meistern

Man darf eigentlich gar nicht laut sagen, wie schön mein Beruf ist, weil man sonst keine Gage mehr kriegt. Wenn mich jemand fragt, ob er Schauspieler werden soll: Ja, wenn er ein gutes Verhältnis zur Umwelt hat, die Menschen mag, sie gern beobachtet, fleißig und vor allem ausdauernd und eigensinnig ist. Bereit ist, erst mal Jahre in den Beruf zu investieren. Schauspieler ist nämlich ein Beruf – kein Job.

Wichtig ist, daß man nicht eitel ist, nicht sich gern herzeigt, sondern den Menschen, den man spielt. Wichtig ist auch, daß man keine Angst vor dem Publikum hat. Das berühmte Lampenfieber hab ich nie gekannt. Ich sag mir, die Leute, die da unten im Zuschauerraum sitzen, sind freiwillig gekommen, zahlen Geld und wollen sich unterhalten. Warum soll ich Angst haben?

Schwieriger wird's, wenn die Leut dann auf meine Frage: »Warum willst du das?« antworten: »Weil ich da viel verdien, mit interessanten Leuten zusammenkomme, weil ich berühmt werden will.«

Und dann noch die, die unbekümmert von »Schauspielerei« reden, und meinen, wenn sie gelegentlich ein Gedicht aufsagen zu dem Erbonkel seinem Geburtstag, so langt das schon für den Schauspieler.

Denen sag ich: In anderen Berufen kannst du mit Fleiß und Ausdauer genausoviel verdienen. Das mit den interessanten Leuten ist ein Irrtum, und Schauspieler sind meist nur auf der Bühne interessant. Privat meist ganz normal und bürgerlich. Und das Berühmtwerden – so aufregend ist das auch nicht. Nach einem Jahr gewöhnt man sich daran.

Und dem anderen rate ich: Halten Sie lieber den Erbonkel bei Laune und bleiben Sie in Ihrem Beruf, denn es könnte sein, daß der Erbonkel einen Schauspieler im Testament glatt vergißt. Die sogenannten bürgerlichen Vorurteile bestehen immer noch. Man läßt sich was vorspielen, liest und hört gern irgendwelche Skandalgeschichterl von einem Schauspieler, aber einen in der Familie haben, nein das muß nicht sein. Außer er wird bekannt, dann kriegt er viel Verwandtschaft.

Wenns aber gar nicht anders geht und der Mensch nur als Schauspieler glücklich wird, rate ich, einen Sicherheitsberuf zu lernen, und wenn man sich dann immer noch das Leben ohne Theater, Film und Fernsehen nicht vorstellen kann, dann muß man in den sauren Apfel der Lehre beißen. Eine staatliche oder städtische Schauspielschule ist sowas wie eine Hochschule, da lernt man angeblich alles, was man für den Beruf braucht. Ich war auf keiner, sowas hat es damals nicht gegeben. Und wenn, hätte mein Vater sie nicht bezahlt.

Eine private Schauspielschule birgt mehr Risiko – es soll aber auch gute geben. Da war ich auch nicht. Ein Lehrer oder eine Lehrerin ist noch mehr ein Glücksfall. Habe ich probiert, bei Rudolf Vogel, 1945, gleich nach dem Krieg. Nachdem ich ein Gedicht aufgesagt habe, »Die Bürgschaft«, das heißt, ich bin nur bis zur Hälfte gekommen, hat er mich gefragt, ob mein Vater Metzger oder sonstwas Nahrhaftes wäre. Ich habe ihm gesagt, daß er einen Zigarettenladen habe, und da hat er mich sofort als Schüler angenommen, gegen fünf Zigaretten pro Stunde. Dreimal, also für fünfzehn Zigaretten, habe ich Unterricht gehabt. Bei der vierten Stunde wollte er mir einen Sessel nachwerfen, aber ich bin geschickt ausgewichen, hab meine fünf Zigaretten wieder mitgenommen und bin gegangen. Er hat mich für völlig talentlos erklärt und mir geraten, Zigaretten zu handeln. Aber ich glaub, er war ein guter Lehrer, und ich hätte sicher was gelernt. Hätte ihn aber auch nachgemacht oder kopiert. Wär halt dann ein kleiner Rudolf Vogel geworden. Immerhin hab ich jetzt Schauspielunterricht gehabt und war damit eine Stufe weiter.

Meine nächste wichtige Station war ein Engagement am Gärtnerplatztheater, das spielte aber damals noch in der Schornstraße. Vorher hab ich das erste Vorsprechen mitgemacht. Im dunklen Zuschauerraum saßen irgendwo unsichtbar die Prüfer. Und ich als Kandidat allein auf der Bühne. Da möchte man alles sein, nur kein Schauspieler. Am liebsten eine Maus.

Ich habe es wieder mit der »Bürgschaft« versucht, aber diesmal das Gedicht vorgespielt. Den Dionysos, den Tyrannen auf der einen Seite, und den Damon, den mit dem Dolch im Gewande, auf der anderen Seite der Bühne. Angefangen habe ich in der Mitte: »Zu Dionysos dem Tyrannen schlich Damon den Dolch im Gewande.«

Dann bin ich schnell nach links gelaufen und hab da den Dionysos gespielt: »Was wolltest Du mit dem Dolche, sprich? entgegnet ihm finster der Wüterich.«

Dann bin ich nach rechts gelaufen – da war ich der Damon mit dem Dolch: »Die Stadt vom Tyrannen befreien.«

Dann wieder schnell nach links: »Das sollst Du am Kreuze bereuen.«

Ich war halt ständig unterwegs. Die Herren im Zuschauerraum haben nicht gewußt, ob ich es ernst meine. Natürlich habe ich es ernst gemeint. Dann hab ich noch zwei Gedichte vorgespielt und war engagiert: als Buffo für Schauspiel und Gesang. Ich hab aber keine Note singen können, weil das haben sie vergessen, mich vorsingen zu lassen.

Ein halbes Jahr hat es gedauert, bis ich aufgekommen bin. Da es aber für einen Gesangsbuffo, der nicht singen kann, bei der Operette keine Beschäftigung gab, hat man mich in einem Ballett besetzt. Eines Tages lese ich in einem Probenzettel am schwarzen Brett: Morgen Ballettstellprobe. Eine Milchkanne: Walter Sedlmayr.

Es war ein modernes Ballett, wo Küchengeräte gespielt haben. Ich bin sofort zum Intendanten gegangen und habe mich beschwert. »Herr Intendant«, habe ich gesagt, »ich spiele keine Milchkanne oder ich gehe«. Aber darauf hat der nur gewartet. Man ließ mich sofort gehen.

Jetzt war ich wieder ohne Arbeit, aber allmählich hat der deutsche Film angefangen, und die Erlebnisse damit erzähl ich noch.

Vor einigen Wochen hab ich als stiller Beobachter die Aufnahmeprüfung für eine Schauspielschule besucht. Der Drang in musische Berufe ist seit einigen Jahren groß. Die jungen Leute erhoffen sich Selbstverwirklichung, Entfaltung der Individualität. Identitätsfindung hat mir einer gesagt, suche er in der Schauspielerei. Dreimal hat er schon vorgesprochen und auch diesmal nicht bestanden. Aber er wird nicht aufgeben, sondern einen Kollegen finden, der ihm Privatunterricht gibt. Das darf jeder. »Kammerschauspieler mit Diplom« gibt es da oder »Staatlich geprüft« ist auch ein beliebtes Qualitätssiegel bei solchen Lehrern.

Ich möchte nicht allen die Qualifikation absprechen, aber die Kollegen doch ermahnen, nicht zuviele junge Schauspieler auf die Bühne zu werfen. Denn diese Herrschaften versprechen Ausbildung bis zur Bühnenreife.

Dann ist er Schauspieler, glaubt er, der beste, der größte. Er braucht aber ein Engagement, also zieht er los, durch Deutschland, zum Vorsprechen. Er steht in einer fremden Stadt auf einer hellen, kahlen Bühne, von einem Scheinwerfer geblendet, so daß er die fremden Menschen, die irgendwo im Zuschauerraum sitzen, nicht sieht, so steht der Delinquent ganz arm und einsam. Aus dem Dunkel eine Stimme, leise, gequält und überarbeitet: »Bitte, was möchten Sie vorsprechen«?

Den Ruprecht aus dem »Zerbrochenen Krug« und den Leon aus »Weh dem, der lügt« – weiter kommt er meist nicht mit seinem Angebot. Die da unten im Dunkel sitzen, stöhnen bereits auf. Zum tausendsten Mal hören sie den Ruprecht und dieses »Weh dem, der lügt« von Grillparzer, das kein Mensch mehr aufführt. Vielleicht das Wiener Burgtheater, wenn dort ein jugendlicher Komiker sein vierzigjähriges Bühnenjubiläum feiert.

Der Leon ist Küchenjunge bei einem Bischof. Das Stück ist angeblich ein Lustspiel, aber wie andere klassische Lustspiele von mäßiger Lustigkeit.

Daraus vorzusprechen ist taktisch ganz falsch, denn Lustigkeit vergrämt Theaterdirektoren. Sie geben das allerdings nicht zu.

Ich habe diesen Küchenjungen Leon auch vorgesprochen, weil er mir in Hochdeutsch zu unkomisch war und ich auch gar nicht hochdeutsch konnte, hab ich ihn in einer bayerischen Fassung geboten. Damals war das noch neuartig. Der Intendant war auch so überrascht, daß er mich gleich engagiert hat als dritten Komiker. Ganz gefährlich ist es, zum Vorsprechen als Stichwortgeber einen Kollegen mitzunehmen. Es ist schon passiert, daß der engagiert wurde.

Allmählich bekommt der neue Schauspieler Bühnenreife im Vorsprechen. Er weiß, was dem jeweiligen Intendanten gefällt und was nicht, ob der politisch rechts, links, oder gar nirgends steht, wann er einschläft und wie er wieder aufzuwecken ist. Der routinierte Vorsprecher weiß auch, was der Satz: »Sehr gut, sehr interessant. Sie hören von uns.« bedeutet – nämlich: Es war nichts.

Noch einige Ratschläge für Vorsprecher: Versuche einer der letzten in der Reihe zu sein, so daß die da unten im dunklen Zuschauerraum schon müde und widerstandslos sind.

Sag nicht, daß du gerne auf dieser Bühne spielen möchtest, es dir seit Jahren wünschst. Nein, erzähl denen, daß du eigentlich keinen Bock auf Theater hast, es auch finanziell ganz uninteressant findest, Theater zu machen – Theater macht man nämlich – und daß du die Situation ausgesprochen beschissen findest – dieses Wort sollst du oft benutzen – und daß du zum Stein gehst. Der Stein ist in Berlin und ein Reizwort für die andern. Bei Stein werden sie wieder wach.

Fange jetzt immer noch nicht an, sondern verwickle die da unten erst in ein Gespräch. Frage sie, was sie unter Theater verstehen. Jeder wird es dir erklären, die reden gern. Lasse jetzt allmählich Politik einfließen. Nenne Namen von Politikern, aber nicht die falschen, da mußt du dich vorher erkundigen, woher der Wind weht. An einem links-

24

lastigen Theater kannst du so beiläufig einige Zitate gestalten. Das zählt schon als Vorsprechen. Du sammelst Punkte.

An einem konservativen Haus wirst du dich vorher nach den Schwächen des Chefs erkundigen. Wenn er ein Feinschmecker ist, bringe das Gespräch aufs Kochen. Hier ein Rezept zum Vorsprechen:

Obroschka

Eine kalte Sommersuppe aus Rußland.
Eine Stange Lauch, eine Knoblauchzehe, eine Zwiebel, ein Pfund gekochte rote Rüben und viel Petersilie schneiden. Mit dem Saft einer Zitrone alles im Mixer pürieren.
Ungefähr ein halbes Pfund gekochte Zunge oder gekochten Schinken oder auch Suppenfleisch, in kleine Würfel geschnitten, in das Püree geben. Zuletzt zwei Joghurt oder Dickmilch und einen Becher sauren Rahm. Mit Salz und Pfeffer abschmecken. Vor dem Anrichten zwei grüne Paprika kleingeschnitten dazu, und wenn man's besonders kühl mag, ein paar Eiswürfel.

Nun ein wichtiger Punkt: Was trägt der junge, aufstrebende Schauspieler zum Vorsprechen. Eine feste Kleiderordnung besteht nicht mehr. Soviel kann ich aber sagen: auf keinen Fall einen Anzug oder konservative Sonntagsschale. Dann lieber gar nichts.

Ein Gag, der Eindruck hinterläßt, ist Folklore. Du kommst aus einem abgelegenen Gebirgstal, unberührt von jeder Zivilisation. Jodle, wenn du kannst, und trage einige Gstanzl vor wie:

Du Gschleckerte, Du Bleckerte
Du Bachstelzenarsch
Du Greaner, Du Blauer
Du leckst mi am Arsch.

Und nochmal Jodeln. Streu aber vorsichtshalber doch einige Leninzitate dazwischen oder Marx auf bayerisch.

Ein etwas abgenützter Gag ist das Freilegen der Brust, das Aufreißen von Hemden und Blusen. Auch das Rutschen von Trägern kommt nur bedingt an. Es gehört schon viel schneiderisches Talent dazu, um Knöpfe im richtigen Augenblick abspringen zu lassen. Bei Filmprobeaufnahmen kannst du den Trick noch einsetzen – darüber sprechen wir später. Mit einem Schlitz im Rock lockst du kaum mehr einen Intendanten. Zur Frisur ist zu sagen, daß sie doch gelegentlich das Gesicht freigeben soll, um zu testen, ob du ein Mienenspiel, einen Ausdruck hast. Einer genügt: Beleidigt und gelangweilt.

Als Schuhwerk empfehle ich barfuß. Achte aber auf herumliegende Nägel, sie könnten vom Vorgänger gestreut worden sein.

Nun zum Repertoire fürs Vorsprechen: Als erstes einen Schocker zum Anreißen, damit es die da unten vom Sessel haut. Japanisch ist Mode. Kampf im Dunkeln mit zwei Gegnern, anschließend Harakiri. Aber bitte vorher gut üben. Dann als Kontrast was ganz Schlichtes: ein Gedicht im Liegen. An einem modernen Haus wirst du als Schauspieler viele Rollen im Liegen spielen und im Dunkeln. Leg dich also flach auf die Bretter, denke an einen sauren Wald und beginne:

»Über allen Wipfeln ist Ruh

In allen Zweigen spürest du . . .« usw., und so weiter, das macht Eindruck. Bleibe am besten gleich liegen für die nächste Nummer: Maria Stuart und die Königin Elisabeth, Gartenszene, dritter Akt, vierter Auftritt: der Krach der Königinnen. Spiele beide Rollen, aber ja nicht so, wie sie Schiller geschrieben hat. Bürste das Stück gegen den Strich. Bei Schiller ist die Maria Stuart die Edle und Elisabeth das Luder, das rothaarige.

Wie wäre es mit einer ganz neuen Sicht: Die Stuart liebt die Elisabeth, die hat aber ein Verhältnis mit dem Mortimer, denn der ist eine Frau. Du siehst, was man mit Schiller heute alles treiben kann.

Man sagt, ein guter Schauspieler könne aus jedem Text etwas machen, sogar das Telefonbuch lesen. Nimm die acht Seiten Müller, lasse aber die Nummern weg, die ermüden.

Übrigens, ein Programmvorschlag – für das kommende Kabelfernsehen: täglich fünfzehn Minuten eine Lesung aus dem Branchenverzeichnis. Das wäre Unterhaltung und Werbung in einem Aufwasch – und nicht teuer.

Dann gibt's noch eine ganz andere Möglichkeit, den Beruf zu lernen: In einem Theater anfangen, alles machen, spielen, assistieren und immer Augen und Ohren offen haben. In der Praxis die Lehrzeit machen. Es muß jeder selber finden, was zu ihm paßt.

Wer aber schnellen Erfolg, Verdienst und Sicherheit will, sucht sich besser einen anderen Beruf.

III. Über die Kunst, ein Theaterstück zu inszenieren, das Gute an der Monarchie und eine wahrhaft königliche Ochsenschwanzsuppe

Eine Geburtstagtorte mit einem Kranz aus 57 Kerzen drauf, hat fast einen Meter Durchmesser. Erschreckend. Drum habe ich jetzt aufgehört, mir eine zu wünschen. Wenn man in dieses Alter kommt, dann taucht in einigen Briefen auch schon einmal der Satz auf: »Und ich wünsche Ihnen, daß Sie noch viele Jahre leben und arbeiten können.«

So, jetzt ist man also alt, na, allmählich in den besten Jahren, wie man so sagt. Man wird ein älterer Herr – oder ein alter Mann, je nachdem, wen man trifft und ob man den Hut auf hat. Ich bin also jetzt in dem Alter, das ich mir als junger Schauspieler immer gewünscht habe, aber da wollte ich nur als Rolle älter sein, nicht echt. Ist eigentlich gar nicht so lange her, erst dreißig Jahre.

Ich hab mir damals fürs Alter viel vorgenommen. Einen Spazierstock wollte ich mit einem silbernen Knauf. Heute bin ich froh, daß ich noch keinen brauche. Wollte weise werden, ein alter Herr, der gescheite Sachen sagt, dem man zuhört und auch glaubt, was er Gescheites sagt. Auch daraus ist nichts geworden. Weil man den Schauspieler vor Jahren schon in die komische Grantlerschublade eingeordnet hat, obwohl, da drin ist es gar nicht so schlecht. Denn granteln darf man noch über Themen, an denen sich andere Kollegen längst den Mund verbrannt hätten. Und der Stoff geht nie aus.

Je älter man wird, desto früher fangen die Erinnerungen an. Ich bin jetzt schon beim Volksschüler Sedlmayr. Ein nicht guter, verträumter Schüler, der manchmal ertappt wurde, daß er während des Unterrichts zum Fenster hinausschaute. So stehts in einem Zeugnis vom Oberlehrer Schmidhuber. Er hat uns nicht mögen und wir ihn nicht. Drum haben wir auch nur gelernt, was wir lernen mußten, und drum muß man heute so oft im Duden oder im Brockhaus nachschauen. Was haben wir gelernt? Null und Null ist Null, Null an, Null gemerkt. Der längste Fluß in Deutschland – den kann man wenigstens fürs Kreuzworträtsel brauchen. Eisen zieht sich bei Kälte zusammen und dehnt sich bei Hitze aus. Das große und das kleine Einmaleins. Daß man Deutschland die Kolonien geraubt habe, der Bauer seine Scholle pflügt und die Bäuerin spinnt. Daß Hans nimmer lernt, was Hänschen nicht gelernt hat, daß Morgenstund Gold im Mund hat, und sich früh krümmt, was ein Häkchen werden will, daß die morschen Knochen zittern und das Röslein auf der Heide steht.

Nicht gelernt haben wir Deutsch, ich meine: Hochdeutsch. Daß der Butter die Butter heißt und der Teller das Teller, der Fuß auch in Bayern nur das untere Stück vom Bein ist und nicht der ganze Fuß, ob das Wetter heute schöner w i e gestern, oder a l s gestern, oder als wie gestern ist.

Keine Fremdsprache haben wir gelernt, weil wir damals auf dem Weg waren, die größte und wichtigste Nation zu werden. Geschichte hat für uns bei der Völkerwanderung angefangen und ist über Germanen, Wikinger, Markomannen nicht hinausgekommen. Ja Singen – gesungen haben wir damals viel: das deutsche Liedgut, und Turnen war wichtig. Aber davon war ich befreit, weil ich damals schon zu dick war. Und drum ist aus mir auch kein richtiger Germane geworden. Dafür war ich ein guter Ministrant.

Bis zum Rauchfaßschwinger hab ich's gebracht. Damals wollte ich unbedingt Missionar werden und die Heiden bekehren, oder Kardinal. Mir wurde aber bald klar, daß man auch beim Kardinal klein anfangen muß, und das war mir dann doch zu langwierig. Später war ich dafür ein guter Nikolaus.

Als ich an den Kammerspielen war – Hans Schweikart war damals Intendant, bin ich durch meine Nikolaus-Darstellung zur ersten größeren Rolle gekommen. Tagelang hab ich heimlich probiert, den Auftritt, für Schweikart war der erste Auftritt sehr wichtig. Den Raum aufnehmen, hat er immer wieder gepredigt, schauen, Pause, dann erst sprechen. Der Text war ganz schwierig, weil der Intendant zwei Buben gehabt hat, damals schon sehr intelligent. Ich war in einer Zwickmühle: schimpfen darf ich doch die Kinder vom Intendanten nicht. Es muß aber wirkungsvoll sein, weil der Nikolausauftritt sowas wie ein Vorsprechen war, und ich endlich beweisen konnte, daß ich ein guter Schauspieler bin.

Pathetisch ging überhaupt nicht, weil das der Schweikart nicht mochte. Modern, trocken, naturalistisch. Aber wie spricht ein naturalistischer Nikolaus? Dann habe ich die Therese Giehse gefragt: Wie soll ich meinen Nikolaus anlegen? Die Giehse hat gemeint: Singen wär einmal was anderes. Rudolf Vogel meinte, ich wär als Nikolaus sowieso eine Fehlbesetzung. Domin säße viel besser auf der Rolle. Um von mir ein bisserl abzulenken, habe ich dann noch zwei Engel dazu erfunden und einen Zwerg. Auf die Idee war ich stolz. Das war aber ein Blödsinn, denn die Buben haben nur auf den Zwerg geschaut. Den Nikolaus habe ich bayerisch angelegt. So habe ich wenigstens den Buben ein paar Grobheiten sagen können, ohne daß der Vater beleidigt war.

30

Bleiben wir noch ein bisserl bei der Schauspielerei: Viele Leute glauben, das einzig Schwierige bei dem Geschäft wäre das Auswendiglernen. Am Theater bekommt man das Stück Wochen vor den Proben, wenn's nicht ein Klassiker ist, den man sowieso im Bücherschrank stehen hat. Aber auch da soll man mit dem Lernen bis zu den Proben warten, denn der Regisseur möchte ja den Text umschreiben und ändern, gegen Extrahonorar natürlich. Bearbeitung nennt man das. Ein paar Sätze verändern, ist schon eine Bearbeitung. Beim Klassiker gibt's da keine Schwierigkeiten mit noch lebenden Witwen oder Verwandten.

Als erstes kommt die sogenannte Lese- und Strichprobe. Da treffen sich die Künstler am Tisch und warten. Hat er mir wieder die schönsten Sätze gestrichen, habe ich hoffentlich das letzte Wort, bevor der Vorhang fällt? Ganz Eigensinnige kommen schon mit rot unterstrichenem Text und gelernt. Der Regisseur, in den meisten Fällen genial, erzählt dem Schauspieler erstmal das Stück, als ob der nicht lesen könnte. Dann erklärt er das Stück und, warum es gerade heute von großer Aktualität und Brisanz wäre. Und daß das Stück bisher immer falsch gespielt worden wäre und er jetzt endlich die Sache in die Hand nähme, um klar zu machen, was der Dichter sagen wollte. Wenn dieser das Glück hat, nicht mehr zu leben, geht das ohne Widerspruch. Lebende Dichter kommen aber manchmal zur ersten Probe und versuchen, ihr Stück zu erklären, aber nach kurzer Zeit erklärt ihnen der Regisseur, was sie ausdrücken wollten. Das schüchtert die Dichter meist so ein, daß sie schweigen. Sie sind ja dankbar, daß ihr Stück überhaupt gespielt wird. Die Schauspieler beobachten gespannt, wer der Stärkere ist, und an den halten sie sich.

Das erste Bild fängt an, doch kaum hat ein Kollege den Mund aufgemacht, um seinen ersten Satz zu lesen, greift der Regisseur ein: Junge, der erste Auftritt ist gestrichen. Der Schauspieler meint, wenn er nicht erklären kann, wer er ist und warum er das ist, braucht er die Figur gar nicht zu spielen. Der Regisseur meint aber spitz: »Um Zusammenhänge klar zu machen, bin ich ja da.« Er hat ein Studium der Theaterwissenschaft hinter sich und ist Soziologe. Also was will der dumme Schauspieler mit Hauptschulabschluß?

Eine nicht mehr junge Kollegin nützt die Pause: Was habe ich eigentlich an? Da greift der Bühnenbildner ein, der auch die Kostüme entwirft. Der erklärt jetzt auch das Stück, der Dichter staunt, wenn er das Pech hat, noch zu leben. Der Bühnenbildner hat die geniale Idee, daß alles auf einer schrägen Bühne spielt im Zeitungspapierhaufen – das ist übrigens alles erlebt, nicht übertrieben. Ein alter Kollege murmelt: Ich kann auf einer

Schräge nicht stehen, mit meinem Bandscheibenschaden. Er wird sich das vom Arzt bescheinigen lassen und auch zur Schauspielergewerkschaft gehen, wofür zahlt man ein Leben lang Beitrag. Aber er murmelt vorsichtshalber so leise, daß ihn keiner hört.

Der Bühnenbildner zeigt die Figurinen, die Kostümzeichnungen. Wie bei Modeentwürfen hat man da eine Idealfigur. Zwei Meter groß, keinen Bauch, langen Hals und Haare auf'm Kopf. Man meint: quergestreift ist für mich halt gar nicht günstig. Der Kostümmensch lächelt hintergründig, denn erstens ist ihm das wurscht und zweitens weiß er schon, daß man sowieso im Dunkeln spielen wird, weil er auch die Beleuchtung macht. Die ältere Kollegin möchte nicht Rot tragen und versucht mit allen alten Theatertricks, das Rot in ein Rosa zu ändern. Für die Aussage des Stücks geht aber nur ein rotes Gewand. Nach der Hauptprobe wird es grün werden, aber das weiß jetzt noch niemand.

Nach Stunden einigt man sich darauf, daß über die Kostüme noch diskutiert werden muß. Der Bühnenbildner muß weg, weil er noch an drei anderen Theatern arbeitet. Die Leseprobe wird nicht fertig, weil nach sieben Stunden endlich ein Mutiger aufsteht und sagt, daß er Hunger habe. Der Regisseur blickt erstaunt.

Das alles gilt natürlich nicht, wenn man ein sogenannter Schauspielerstar ist. Da meint der Regisseur zwar auch, daß man nicht lesen und schreiben kann, aber er zeigt es nicht. Der Bühnenbildner probiert es mit einer querstreiften Figurine, ist aber sofort bereit, in Längsstreifen zu denken, und wenn man Hunger hat, kriegt man eine Pause, ohne Hilfe der Gewerkschaft.

Inzwischen sind drei Wochen vergangen, aber wir sind mit den Proben immer noch beim ersten Akt. Viele Stunden wurden verdiskutiert. Der Regisseur wollte alle Schauspieler absägen, und sie wollten den Regisseur anschießen. Inzwischen sind aber alle per du und haben die Freundinnen getauscht. Die Schauspieler können endlich ihren Text, und die Souffleuse hat zwei Pullover gestrickt. Der alte Kollege mit den Bandscheiben darf die Rolle jetzt im Sitzen spielen, das ist ihm auch nicht recht, weil ihn da niemand sieht. Die ältere Kollegin hat mit dem Assistenten was angefangen und wird wieder jung. Der Regisseur hält eine Ansprache: Daß das alles Scheiße wär' und endlich der zweite und dritte Akt angefangen werden müßte.

Die Ausstattung kauft wagenweise alte Zeitungen zusammen, und in der Schneiderei werden die Kostüme neu gemacht, dann wieder zerrissen und gespritzt, es sollen ja alte Lumpen sein und zu der Zeitungsdekoration passen. Die Proben werden immer länger, das Stück auch, weil dem Regisseur immer wieder was einfällt. Der Regieassistent

bedeutet sorgenvoll dem Intendanten, doch einmal eine Probe zu besuchen. Aber der kommt nicht, um keine Verantwortung übernehmen zu müssen.

Inzwischen arbeitet der Dramaturg am Programmheft. Denn er muß dem Zuschauer ebenfalls das Stück erklären. Der Beitrag wird später, leicht verändert, ein Feuilleton in einer Wochenendausgabe und ein Manuskript für eine mitternächtliche Kultursendung im Radio. Auch ein Dramaturg muß leben. Er will das Stück aufreißen, abklopfen, will Bezüge herstellen. Von einer Absicht, das Publikum zu unterhalten, spricht auch er nicht. Das Wort Unterhaltung ist am Theater was ziemlich Obszönes.

Die Proben auf der Bühne fangen an. Das schräge Podest ist aufgebaut, die Zeitungen und der andere dekorative Müll genau nach dem Entwurf verteilt. Die Probe beginnt, der Regisseur brüllt: Lauter, ich versteh kein Wort. Kann er auch nicht, das Podest dröhnt bei jedem Schritt, und die Zeitungen rascheln. Der ältere Kollege muß doch wieder stehen. Er hat sich auch nicht bei der Gewerkschaft beschwert, denn er möchte zwei Tage frei kriegen für's Fernsehen. Die ältere Kollegin versucht, im Rollstuhl die Schräge hinaufzufahren, und stürzt beinahe in den Orchestergraben. Der Regisseur überlegt, ob er das nicht einbauen kann in seine Inszenierung. Jetzt sind nur noch zwei Wochen zur Premiere.

Die Durchläufe und heißen Proben im Kostüm beginnen. Jetzt stört der Schauspieler nur mehr, denn die Technik regiert. Der Dichter kommt und glaubt erst, er wäre im falschen Theater, weil er sein Stück nicht mehr erkennt. Aber der Regisseur erklärt es ihm. Außerdem mußte ein Drittel gestrichen werden, alles ist zu lang. Der Dichter beschließt, aus dem gestrichenen Drittel eine siebenteilige Fernsehserie zu schreiben. Der Intendant schleicht sich in den Zuschauerraum und flüstert besorgt. Vorsichtshalber lädt er die wichtigsten Kritiker nacheinander zum Essen ein, auf Spesen. Der ältere Kollege ist ganz krumm, und die Kollegin bestellt für den Premierenabend in verschiedenen Geschäften verschiedene Blumensträuße, damit alle sehen, wie beliebt sie noch immer ist.

Am Tag der Premiere nennt der Regisseur die Schauspieler Kinder und besäuft sich. Auch der Dichter betrinkt sich – mehr vor Angst, nur der Bühnenbildner muß nüchtern bleiben. Er fährt nämlich mit dem Nachtzug gleich wieder nach Hamburg. Der Zuschauerraum wird staubgesaugt, und die Garderobenfrauen hoffen auf ein Gewitter, damit die Leute im Mantel kommen. Dem Platzanweiser ist das Wetter wurscht, ihm ist nur wichtig, daß das Ganze vor halb elf Uhr aus ist, damit er seinen Bus noch kriegt. Der Wirt am Buffet aber ist sauer, denn das Stück hat nur eine Pause.

Der Vorhang geht auf. Ein Kritiker weiß jetzt schon, daß er begeistert sein wird, ein anderer ahnt, daß es ihm nicht gefällt. Der Intendant beißt nervös in seine Sonntagskrawatte. Ein Premierenabonnent nimmt sich vor, jetzt aber wirklich das Abonnement zu kündigen. Ein Stadtrat auf Freikarte denkt an die Gebührenerhöhung der städtischen Müllabfuhr und schläft ein. Die nicht mehr junge Schauspielerin denkt an früher und der ältere Kollege an die Rente. Und der Schauspieler Sedlmayr ist froh, daß er dieses ganze Theater nicht mehr mitmachen muß, weil er es zum Weinen findet.

Weinen dürfen wir ja nur noch als Baby. Nach drei Jahren Schonzeit heißt es: Schäm dich, ein so großer Bub und weint. Dabei ist Weinenkönnen manchmal so wichtig. Bei Schmerz, Kummer, aber auch bei Freude. Das Sensationellste an der Hochzeit in London – die ist jetzt auch schon wieder ein paar Jahr her – war die Träne, die sich der Charles vor der Kirche weggewischt hat. Sie hat nicht geweint, sondern er, in Admiralsuniform. Das sind die Sternstunden im Fernsehen. Ich hab die ganze Hochzeit gesehen, damals lag ich im Krankenhaus, und hab meine Gallensteine ganz vergessen, weil's so schön war. Wenigstens eine interessante Sendung im Jahr ist so gesichert. Im nächsten

Jahr die Taufe, das Jahr drauf ist dann der andere Prinz soweit, zum Heiraten. Dann haben wir noch das Töchterl. Zur Abwechslung vielleicht im Jahr drauf eine große Scheidung. Auch die sollte übertragen werden. Inzwischen gibts beim Thronfolger wieder was Kleines und so fort. Eine Monarchie hat einiges für sich. Wo wir alles da hätten. Residenz, Kutschen, Kostüme, Königsloge, sogar die Kronen haben wir noch. Und wenn man unsere Prinzen ein bisserl herrichtet, schauen's auch was gleich.

Die bayerische Wirtschaft würde angekurbelt. Modeateliers, Hutmacherinnen hätten wieder was zu tun. Uniformschneider, Hoflieferanten. Titel gäb es wieder: Rat, Geheimer Rat, Geheimer Kammerrat, Oberhofmeister, und der Bayerische Rundfunk und das Fernsehen würde auch Königlich Bayerischer Rundfunk werden mit einem neuen Sendezeichen. Wenn man Hofschauspieler werden kann, gehe ich auch wieder ans Theater.

Und für den Hofküchenmeister, den es dann auch wieder gäbe, wüßt ich was besonders Feines:

Englische Ochsenschwanzsuppe

Drei Pfund Ochsenschwanz, schauen Sie dem Metzger auf die Finger, daß er Ihnen nicht nur dünne, vordere Stücke einpackt, ein paar hintere mit Fett sollen dabei sein. Vier Zwiebeln, ein Pfund gelbe und ein halbes Pfund weiße Rüben, die sollten Sie überhaupt mehr verwenden, sind nicht teuer und passen mit ihrem säuerlichen Geschmack in viele Suppen und Gemüse. Die Ochsenschwanzstücke kurz blanchieren, abtrocknen und im Rinderfett scharf anbraten. Dann eine Zwiebel und ein paar gelbe Rüben, grob geschnitten, dazu, gut salzen und pfeffern, mit ein paar Löffel Mehl stäuben, das Mehl leicht anbräunen lassen, mit drei bis vier Liter Wasser aufgießen, gut verrühren, dann mit der Schale einer Zitrone langsam drei bis vier Stunden kochen lassen. Später nebenher die restlichen Zwiebeln, dazu die Rüben kleinschneiden und mit wenig Butter im eigenen Saft dünsten. Nicht mit der Suppe mitkochen. Nach einigen Stunden einen Teil der Suppe in einen kleinen Topf und die Gewürze kurz auskochen: Zwei Lorbeerblätter, ein Zweigerl Thymian, Majoran, einige Pimentkörner und Nelken, wenig Salbei, Rosmarin und Basilikum. Bis die Hauptmenge der Suppe fertig ist, die Gewürze ziehen lassen.

Nach drei bis vier Stunden, wenn das Fleisch leicht vom Bein fällt, die Ochsenschwanzstücke herausfischen und in größere Stücke teilen, die Suppe durchpassieren, die Brühe mit den Gewürzen durch das Sieb dazuschütten, Fleisch und Gemüse dazu, aufkochen, wahrscheinlich müssen Sie noch nachwürzen. Eigentlich gehört dazu ein Gläschen Sherry, aber nicht kochen.

IV. Über die Nackerten auf der Straße und auf der Bühne, die Rollenfächer und Kaninchen in Rotwein

Die Fremdenattraktion Münchens in den letzten Sommern waren nicht das Glockenspiel, die Residenz oder Nymphenburg, nicht das Deutsche Museum und die Oper, die schon gleich gar nicht, auch nicht das Olympia-Stadion und die Biergärten, nein, die Attraktion Münchens waren die Nackerten.

An bestimmten Plätzen an der Isar sind sie schon vor Jahren vereinzelt aufgetreten. Zur Plage wurden sie allerdings erst in den letzten beiden Jahren, vielmehr wurden sie dazu gemacht – von der Presse. Die meisten Leute haben ja gar nichts gewußt von ihnen. Bis endlich Bilder in der Zeitung erschienen. Im Englischen Garten, mitten auf dem Fußweg, Nackerte, wie wenn nichts wäre, und sogar in der Trambahn! Aber fotografiert werden sie von hinten – die Rückfassade.

Die Leute gehen natürlich hin. Die einen, weil sie die Nackerten von vorne sehen wollen, andere zum Entrüsten und Anstoß nehmen, einige auch Lüsternheit.

Früher sind die Leute am Sonntag nach dem Mittagessen in den Tierpark, durch die Fußgängerzone, oder zur Tante in den Heimgarten, aber jetzt gilt die Parole »Gehen wir ein bißchen die Nackerten anschauen«. Und die wiederum, die ziehen los mit dem Motto, »Heut gehen wir nackert zum Leute erschrecken.«

Hier einige Tips für den Umgang mit Nackerten:

Nie erschrecken, laut aufschreien oder davonlaufen, sondern seinen Weg ruhig fortsetzen.

Ehefrauen sollten ihren Mann nicht auffordern, wegzuschauen, denn sonst tut er es nicht.

Hunde sind an die Leine zu nehmen.

Die Höflichkeit gebietet es, sich persönlicher Äußerung des Mißfallens zu enthalten, wie: »Ja, haben denn Sie keinen Spiegel daheim«, oder »Mit der Figur würde ich mich nicht einmal nachts heraustrauen«, oder: »Schön greuslich ist auch schön«. Nein, der moderne Münchner weiß, was er seiner Großstadt mit Herz schuldig ist, er toleriert.

Das hört schon wieder auf, wenn's kalt wird. Wir haben schon viele Modewellen überlebt. Vor hundert Jahren hatten wir eine Sittlichkeitswelle.

Sie kennen vielleicht vom Vorbeigehen am Karlstor auf der linken Seite das sogenannte Brunnenbuberl. Ein kleiner unscheinbarer Brunnen, wo ein Faun einen Buben anspritzt, fast harmlos, aber der Bub hat keine Hosen an. Das war ein Skandal, damals. Der Brunnen wurde von einem Bildhauer, der für sein Werk in Paris eine Goldmedaille gekriegt hat, seiner Heimatstadt München geschenkt. Die hat ihn genommen, weil sie gerne was Geschenktes annimmt, und am Stachus aufgestellt. Da hat er eine Zeitlang gespritzt, aber bald entrüsteten sich die Sittlichkeitsfanatiker derart, daß das nackerte Buberl eine Berühmtheit in ganz Deutschland wurde. Touristen sind gekommen, um sich das unsittliche München anzuschauen. Der Prinzregent hat sich sogar eingeschaltet und vom Künstler verlangt, er solle dem Buberl ein Feigenblatt machen, aber der wollte nicht. Er wurde deshalb auch nicht zum Professor ernannt. Auch ein kleines Zipferl kann großen Ärger machen.

Das Theater ist den kommenden Modewellen meist einen Schritt voraus. Dort haben wir uns schon vor zwanzig Jahren mit den Nackerten herumgeschlagen. In einem Stück von Strindberg kommen Adam und Eva unter dem Apfelbaum vor. Früher sind die halt im rosa Trikot gestanden, mit Laub vorn. Und die Eva hat zusätzlich ihr Blondhaar wie einen Mantel getragen. Das war in unserer Aufführung zu unmodern. Die nächste Idee war, Adam und Eva ganz golden anzumalen, wie im Varieté. Der Regisseur hatte aber gerade eine neue Freundin, die hat sich bereit erklärt, ohne Trikot, nur mit zwei ganz kleinen und einem größeren Blatt aufzutreten. Riesenaufregung im Theater. Für die älteren Kollegen wankten wieder einmal die Fundamente, eine erfahrene Kollegin meinte, man sollte als Dame mit der Nacktheit sehr sparsam umgehen, wenn man den Zuschauer verführen wollte, und empfahl Tüll oder Schleier, aber die Freundin war wild entschlossen für ohne.

Es gibt ein berühmtes Foto von der Meisterspionin Mata Hari als Tänzerin. Für damals sehr gewagt, aber alles verschleiert. Die hat es also trotzdem oder gerade deshalb geschafft, die alliierten Aufmarschpläne zu erfahren – also! Aber zurück zum Theater. Schon die erste Hauptprobe im bzw. ohne Kostüm war besser besucht wie üblich. Die Bühnenarbeiter gingen nicht in die Kantine, Damen aus dem Büro standen rum, die Kassierin, die sonst nie in eine Vorstellung ging, saß im Zuschauerraum. Ein Stadtrat hat erfahren, daß es in den Kammerspielen unsittlich zugehen soll, und darauf beschlossen, die Freikarten für die Premiere diesmal nicht der Haushälterin zu schenken. Die Geschäftsführer der Striptease-Lokale ums Hofbräuhaus protestierten gegen die unlautere Konkurrenz in den Kammerspielen. Sie haben gefürchtet, daß ihr ländliches Publikum in Zukunft ins Theater geht.

Am Premierenabend schleppte sich die Vorstellung so hin, bis endlich der Apfelbaum auf der Bühne stand. Eine Eisenkonstruktion, in der Krone standen Adam und Eva. Die Krone war mit Tüll bespannt, der, entsprechend beleuchtet, undurchsichtig war. Dann sollte die Beleuchtung verändert werden und damit die Nackerten für alle sichtbar. Aber die Anlage versagte, der Baum blieb undurchsichtig, die Aufführung wurde kein Erfolg.

Inzwischen ist der Fortschritt über die Bühne gefegt, die Kollegen spielen meist in Torfmull oder Fetzen, oder auf ganz leeren Brettern, und statt Kostüm trägt man oft nur Gänsehaut. Manchmal sitzt man unten im Zuschauerraum und fröstelt für die Kollegen. Wenn wer noch unbedingt zum Theater will, sich aber nicht ausziehen möchte, findet er auch noch Möglichkeiten. Zum Beispiel als Souffleur, Vorsager, Einflüsterer. Dieser Beruf wird meist von Frauen – ja, ergriffen kann man nicht sagen, denn das ist kein Beruf, den man ergreift. Man wird es irgendwann einmal. Ich kenne eigentlich keine junge Souffleuse. Sie sitzt in dem Kasten in der Mitte und hatte früher eine Muschel. Heute stört sie den Bühnenbildner, der sie mit ihrem Kasten am liebsten entfernen möchte. Der Schauspieler braucht sie aber, und darum darf sie noch ihr unscheinbares Dasein fristen. Mancher Kollege sagt, daß er sie nicht hört, wenn er sie braucht. Dafür hört sie der Zuschauer, der das aber nicht soll. Die Souffleuse ist schon bei den Proben dabei. Da darf sie auf der Bühne sitzen, an der Seite, wo es zieht, doch da stört sie den Regisseur. Sie hat den Text des Stückes recht klein gedruckt, so daß sie ein Licht auf der dunklen Bühne braucht, das stört. Sie stört eigentlich immer. Wenn der Schauspieler seinen Text nicht kann, hört er auf und versucht das aber als Kunstpause zu verkaufen. Wenn es zu lange dauert, hilft die Souffleuse weiter und flüstert: »Und so denke ich.«

Schauspieler: »Nein, hier mache ich eine Pause.«

Die Souffleuse macht sich ein Zeichen in ihr Buch, daß ihr das niemals wieder passiert und flüstert dann wieder: »Und so denke ich.«

Schauspieler: »Ja und, was denke ich?«

Die Souffleuse sagt ihm, was er denkt.

Schauspieler: »Sie, ich brauche nicht das ganze Stück von Ihnen, oder wollen Sie die Rolle spielen?« – Die Souffleuse schweigt, beleidigt.

Sie hat auch ihre Lieblinge, denen spielt sie die Rolle mimisch mit. Sie möchte überhaupt gerne mitspielen. Oft könnte sie es besser als die da oben. Darum haben es Kolleginnen manchmal schwer mit der Souffleuse. Da flüstert sie besonders leise, oder schaut gerade weg, wenn die da oben hängt und hilfesuchend runterschaut. Dann blättert sie erst mal in ihrem Buch, und die da oben sucht den kürzesten Weg von der Bühne. Aber bevor sie zu laufen beginnt, hört sie das erlösende Wort.

An den Kammerspielen war eine Berühmtheit, die Gusti. Sie kannte jeden, seine Schulden, seine Schwächen, seine Lieben. Sie wohnte im Theater, zur Maximilianstraße raus, unter dem Dach, mit vielen Katzen. Ich habe sie noch erlebt, da war sie schon so dick, daß der Souffleurkasten vergrößert wurde. Und als die Gusti so dick war, daß sie auch nicht mehr in dem größeren Kasten Platz hatte, hörte sie auf und wollte von da an nichts mehr vom Theater wissen. Und wer sie besucht hat, durfte nur über Katzen reden.

to
Ob

Wir Schauspieler sollen ja auch besonders abergläubig sein. Über die linke Schulter spucken, da darf man sich aber nicht bedanken, dreimal klopfen, mit dem rechten Fuß angehen und nach Möglichkeit von links auftreten. In heiteren Stücken nicht bei der Probe lachen – das empfehle ich überhaupt. Wenn es nämlich bei Proben allzu lustig zugeht, ist das meist ein schlechtes Zeichen. Wirklich gute Komiker lachen nicht bei der Arbeit. Und zu Hause schon gar nicht. Die Familie ist immer wieder überrascht, wie lustig ihr Grantler außer Haus sein kann, wenn er Geld dafür kriegt.

Am Theater gibt es den jugendlichen und den älteren Komiker. Wenn der zugleich auch Direktor ist, gibt es aber nur einen, nämlich ihn. Der Komiker fühlt sich fast immer unterschätzt und zu Höherem, zur ernsten Kunst, berufen. Am liebsten möchte er den König Lear spielen, man läßt ihn aber nicht.

Er legt großen Wert darauf, vom Publikum geliebt zu werden. Auf Kollegenliebe verzichtet er gern. Liebe, Verehrung sind ihm fast noch wichtiger als Lacher. Überhaupt, mit dem Lachen hat der Komiker seine Schwierigkeiten. Privat, auf der Straße, möchte er nur angelächelt werden, ganz kurz, soviel, daß er merkt, daß er erkannt wurde. Auf keinen Fall sollten Sie auf ihn deuten, laut auflachen, ihm auf die Schulter klopfen und lachend seinen Namen schreien. Da wird der Komiker grantig, wenn er es nicht schon ist. Noch schlimmer aber ist es, wenn Sie den falschen Namen schreien, das können Sie nie mehr gutmachen. Da hilft es auch nichts, wenn Sie ihn aufklären: Ich hab Sie mit dem Dings, mit dem anderen verwechselt. Aber Sie kenn ich auch. Wie war doch gleich Ihr Name? Da kann's sein, daß er haut, der Komiker, gehen Sie schnell weiter.

Das Schönste, was Sie einem Komiker sagen können, ist, daß Sie über ihn vor Rührung geweint haben. Ohne Bedenken können Sie ihm ein solches Kompliment machen. Er glaubt es nämlich. Komikern sagt man nach, daß sie geizig wären. Das sind sie nicht, sie sind sparsam, haushälterisch. Einige Filmkomiker waren als besonders haushälterisch gefürchtet. Drum sind's reich geworden.

Bei der Arbeit ist der Komiker oft hart, ausdauernd, wenn es um die eigene Rolle geht. Er erwartet, daß die anderen sich nach ihm richten, und er hat die Kollegen am liebsten, die mit dem Rücken zum Publikum spielen. Besonders gern hat er junge Kollegen, die seine Tricks noch nicht kennen.

Eine Rolle beurteilt er nach Pointen, über die das Publikum lacht, oder soll. Eine Pointe muß vorbereitet werden, damit sie sitzt und einen Lacher bringt. Nach Möglichkeit noch mit Szenenapplaus. Der ist sowas wie ein Tor beim Fußball. Leider dürfen sich Schauspieler nach einem solchen »Tor« nicht anspringen wie die Fußballer. Lacher kann aber auch der andere Kollege abwürgen oder sogar verhindern mit Tricks. Die sind bekannt, und drum muß der Komiker seine Mitspieler immer im Auge behalten und dabei noch komisch sein.

Schon bei den Proben sorgt er unauffällig dafür, daß er entsprechend plaziert wird. Da die Kollegen oft mit den gleichen Methoden vorgehen, wird eine Probe manchmal zum Stellungskrieg. Der Regisseur geht da meistens in Deckung und wartet ab, welche Seite gewinnt.

Schauspieler werden in Fächer, in Rollenfächer eingeteilt. Bei Frauen gibt's zum Beispiel die jugendliche Naive, nach Möglichkeit blond, schlank, jungfräulich, wenn's geht. Wichtig ist der Augenaufschlag, das Naivsein, das Rollenfach verlangt es. Die Naive darf sogar einen leichten Silberblick haben mit einer Prise Dummerl. Nicht zu viel, denn sonst muß sie die komische Naive werden. Diese hat zwar eine bessere Gage, aber sie wird nicht so verehrt. Als komische darf sie rundlich sein, gut beieinander, sie darf lispeln, einen stärkeren Silberblick haben, auch Sex. Wenn sie für's Fernsehen spielen möchte – gebremsten Sex.

Die Vorstellungen, was sexy ist, sind variabel und haben im Fernsehen ein Nord-Süd-Gefälle. Bei Nachmittagssendungen ist Sex überhaupt nicht erwünscht und wenn, dann nur als Diskussionsthema: »Sex im Haushalt« oder so. Im Schulfernsehen gibt's keinen, wogegen das Gesundheitsmagazin wieder darf. In Vorabendserien ist Sex verboten, aber Mord und Totschlag dürfen die Kinder schon sehen, weil sie ja längst wissen, daß nicht echt gemordet wird. Die Werbung hat ganz strenge Vorschriften. Da darf sich eine zwar baden, aber nur von hinten. Zu den Nachrichten tragen die Ansagerinnen Schals, denn schon das Schlüsselbein wäre zu sexy. Bei der Wetterlage gehen die Meinungen auseinander. Den meisten Sex darf der Spielfilm zeigen nach 23 Uhr. Noch mehr aber das Nachtstudio mit einem Filmsexperiment. Weil da ist Sex Kunst und in der Kunst heißt Sex Erotik und die ist ja Kunst. Und bei Kunst sind die Zuschauer aufgeklärt, die wissen alles über Sex.

Als Rollenfach gibt's dann noch die Salondame, die hat den Vorteil, daß sie alt werden darf. Wenn es eine Kollegin geschickt macht und frühzeitig ihren Geburtstag vergißt, kann sie noch als übertragene Salondame in die Rente gehen. Sie fängt als Jugendliche an und wird dann übertragen. Eine Alte gibt es nicht. Alt wird nur die Komikerin, sie entwickelt sich zur komischen Alten. Die soll nach Möglichkeit 70 Kilo auf die Waage bringen oder ganz dünn und recht groß oder klein, halt ausgefallen sein. Eine ganz normal gebaute komische Alte geht auch, aber die muß dann eine gute Schauspielerin sein.

Die Soubrette ist dagegen eine jugendliche, singende Muntere. Ihr Kampfgebiet sind die süßen Wiener Madln, mit dem Herz auf dem rechten Fleck. Ein solches muß sie haben. Die Soubrette soll hübsch sein und singen können und auch tanzen. Wenn sie letzteres nicht kann, muß sie besonders hübsch sein, wenn sie aber auch nicht gut singen kann, es aber trotzdem tut, ist sie mit dem Direktor verheiratet.

Soubrette bleibt man ein Leben lang. Sie hat in der Operettenhandlung meist ein Bantscherl mit einem Leutnant oder einem vertrottelten Baron, der sie aber nicht heiratet, weil er ja schon die komische Alte am Hals hat. Und die ist eine rechte Bißgurn, hört schlecht und beleidigt die anderen – in der Handlung natürlich nur.

Das Bantscherl der Soubrette ist der Buffo, der ist für den Charme zuständig. Er soll auch tanzen können, nach Möglichkeit singen und gleichzeitig lachen, was unheimlich schwer ist. Als Berufskleidung trägt er meist Uniform, Frack oder Smoking, auch Dinnerjackett. Wenn er keine Haare hat, braucht er ein Toupet, denn ein platterter Buffo ist unmöglich. Getränk ist Sekt, und ein geschickter Regisseur drückt ihm auch schon im ersten Akt ein Glas in die Hand, die andere steckt er lässig in die Hosentasche. Da bleibts drin. Dann hat er schon einmal das Problem los, wohin mit den Händen.

Dieses Problem hat die Soubrette nicht. Sie stützt sie in die Hüfte und zwar beide. An dieser Grundstellung erkennt sie der Zuschauer, wenn er sie nicht schon aus seiner Jugend kennt.

Das Buffopaar verliebt sich sehr rasch. Gleich am Anfang. Das hält aber nur bis zum 2. Akt, und vor der Pause gibts Krach. Oder der Leutnant muß heim ins Schloß, und da die Soubrette nur ein Waschermaderl oder Verkäuferin in einer Konditorei ist, kann er sie nicht mitnehmen. Ein besonders tragisches Beispiel ist im »Land des Lächelns«, wo sie, wie der Titel schon sagt, Asiatin ist und er ein österreichischer Leutnant.

Diese Operette ist überhaupt von großer Dramatik. Der Tenor und die Sängerin, Lisa heißt sie, haben fast die gleichen Schwierigkeiten. Nur, daß er Asiat ist, aber ein Prinz. Sie ist zwar auch adelig, trotzdem bleibt sie hoffnungslos, diese Liebe. In der alten Operette sind alle adelig, nur das Personal nicht. Sogar Chor und Ballett. Bei den Herren vom Ballett sind immer ein paar Männer dabei – man braucht solche, um die Soubrette oder Sängerin zu stemmen und von der Bühne zu tragen.

Die Sängerin ist manchmal nicht ganz einwandfrei. Eine Femme fatale, ein Luder. Als eine solche kommt sie die Freitreppe herunter und singt ganz frei, daß sie eine Solcherne ist. Und links und rechts knien die Männer, halten ein Sektglas mit Apfelsaft oder den Zylinder in der Hand. Sie, das Luder, hat einen Straußenfächer, mit dem sie sich immer auf- und abdeckt. Sonst trägt sie nur Abendkleid mit Schlitz.

In einem größeren Haus haben aber auch die Damen vom Ballett Straußenfächer, die sie auf- und abbewegen, damit sich was rührt auf der Bühne. Die Herren machen das Auf und Ab auch, aber nur mit den Armen, wenn sie nicht jemand zu stemmen haben.

Der Chor singt und muß zuschauen, wie sich die Hauptpartien lieben. Dazu sagen sie manchmal »Ah« und »Oh«, auch »Aha«, oder sie wiederholen, was der Sänger singt: »Ach ich hab sie ja nur . . .« Dann singt der Chor: »Ach er hat sie ja nur . . .« Das ist natürlich auf die Dauer fad. Drum ist der Chor oft beleidigt. Dann muß man als Chor auch die abgelegten Sachen der Hauptdarsteller tragen und steht so ungünstig hinten rum, daß einen die Verwandten mit der Steuerkarte kaum sehen. Und von der Bühne runterwinken ist verboten. Jeder vom Chor tät natürlich besser singen als die Solisten. Das weiß aber leider nur die Verwandtschaft. Drum hat die die Solisten auch dick und wartet, daß da einer falsch singt oder nicht auf das hohe C kommt.

Über den Tenor ist zu sagen, daß er sehr viel verdient. Ich hab von 25.000 Mark und mehr pro Abend gelesen. Das Jahr hat 365 Tage. Gut, am Heiligen Abend, Karfreitag, Allerheiligen und dem Ersten Mai ist die Oper zu, also 361 Tage. Dann sind fünf Wochen Urlaub, 326 Tage. Dann bitte ist er manchmal heiser, sagen wir 39 Tage im Jahr, bleiben immer noch 296. Ein paarmal versäumt er das Flugzeug, oder es ist Nebel, aber wenn er bloß 225 mal singt, das sind im Jahr großzügig gerechnet 5 Millionen 625.000 Mark. Drum wollte ich Tenor werden.

Früher hat es noch die Heroine gegeben. Die war sowas wie die Bavaria auf der Theresienwiese ohne Löwe. Heroinen waren im letzten Jahrhundert die eigentlichen Theaterstars. Am Wiener Burgtheater hat es die berühmte Wolter mit dem sog. »Wolterschrei« gegeben. Damit ist sie in die Theatergeschichte eingegangen. Sie hat mit ihrer Schreierei ein Vermögen gemacht.

Schreien mußten aber nicht nur die Heroinen, auch von den männlichen Fächern hat man Donnergrollen, Vulkanausbrüche, Meeresrauschen verlangt, stimmlich natürlich. Das, was wir heute machen, so möglichst natürlich reden, wurde fürs Theater erst in den zwanziger Jahren entdeckt. So haben früher die Kollegen nicht einmal daheim geredet.

Das wichtigste Fach bei Männern ist immer noch der schwere Held. Er stirbt meist unnatürlich, gegen Ende des Stücks. Wenn früher, kann der Zuschauer damit rechnen, daß er als Geist wiederkommt. Man braucht ihn ja zum Schlußapplaus. Der schwere

Held verdient gut, muß aber auch viel auswendig lernen. Die berufliche Weiterentwicklung endet beim Heldenvater, bevor er in Rente geht. Da kann er dann Unterricht geben – aus Rache.

In der Jugend fängt der Heldendarsteller als jugendlicher Held an. Die Idealgröße wäre um 1,80 m – größer geht nicht, sonst paßt ihm kein Kostüm. Folgende Sportarten sind erwünscht: Fechten, Reiten, Speerwurf, Schießen (Armbrust, wegen dem Wilhelm Tell), Judo, Ringen – und Englisch, weil Helden immer noch eine Chance im amerikanischen Film haben.

Vom Publikum wird der Held verehrt und bewundert, aber geliebt wird der jugendliche Liebhaber. Das ist ein schönes Fach. Er bekommt die meisten Briefe und Blumen, sogar Süßigkeiten, aber die darf er nicht essen, damit er nicht dick wird. Denn ein jugendlicher Liebhaber darf alles sein, nur nicht dick. Das heißt, es gibt Regisseure, die, um aufzufallen, ein Stück anders – ganz anders inszenieren, gegen den Strich bürstend, schreibt da die Kritik. Da hat auch ein Dicker eine Chance als Liebhaber, wenn der Regisseur nicht ganz radikal bürstet und den Liebhaber gleich mit einem Transvestiten besetzt.

Solche Regie-Genies werfen oft die ganzen Fächer am Theater durcheinander. Keiner weiß mehr, wer oder was er ist. Als Schauspieler ist man ja nicht nur von der Gunst des Publikums abhängig oder der Kritik des Intendanten und Direktors. Naa, wenn der Regisseur findet, daß man nicht auf einer Rolle sitzt, es nicht ist, den Text nicht transportieren kann, oder daß man auch unfähig ist, Inhalte zu vermitteln, eine Figur zu hinterfragen, und den Typen nicht realistisch zu spielen, sondern auszustellen, hat man seiner Meinung nach im Theaterbetrieb nichts zu suchen. Texte sind da erst mal aufzunehmen, kritisch natürlich, dann werden sie abgeklopft, aufgedröselt, aufgebrochen und durchgeputzt, bei diesem Arbeitsgang, wie schon gesagt, auch gegen den Strich gebürstet, sodann gestückelt, modisch gestreut und wieder in Einzelgedanken zerlegt, bis völlig neue Erfahrungen gemacht werden – das ist moderne Theatersprache.

Vor 30 Jahren war das halt noch einfach. Die zweite Rolle am Anfang meiner Schauspielerlaufbahn war der Polizist im »Sturm im Wasserglas«. Ich hatte den Hauptdarsteller bei einer Gerichtsverhandlung abzuführen. Auf einer Zeugenbank saß da Frau Vogel und der Hund, um den es geht, und der Amtsdiener Pfaffenzeller. Auf der anderen Bank der Journalist Burdach und Viktoria. Die ist sein Pantscherl, aber das führt jetzt zu weit. Zweiter Polizist tritt auf – den hab ich damals gespielt.

Text: »Der ist es, aha« – das hab ich damals improvisiert. Dann sagt der Burdach was und der zweite Polizist »Nix da«, »Auf geht's«. Er transportiert den Burdach ab, eine Riesenaufgabe also.

Das wurde damals so ganz normal inszeniert. Da hat man ja nur alle 14 Tage eine Premiere gehabt. Da war keine Zeit zum Hinterfragen und Abklopfen. Aber in einer modernen Inszenierung heute, da wäre dieser zweite Polizist möglicherweise ein Schlägertyp mit Gummiknüppel, das wäre dann schon kritisch, die Brutalität eines Polizeistaates darzustellen, aber nicht realistisch, nein, überhöht.

Da hätte der Regisseur nach 14 Tagen Probe den Einfall, daß der Gummiknüppel mehr aussagt, symbolisch, erotisch, versteht sich, weil im Stück die Viktoria die unbefriedigte Gattin eines Politikers ist. Sie sehen also, welche Dimensionen ein Gummiknüppel kriegen kann, wenn er kritisch betrachtet wird.

Da käme mein erster Satz: »Auf geht's«. Als moderner Schauspieler müßte ich überlegen, was bedeutet »auf geht's«. Unterdrückte spucken in die Hände und sagen: »Auf geht's«. Die Assoziation von Revolution kommt auf. Aber mein Polizist kann nicht in die Hände spucken, weil er ja den Gummiknüppel halten muß.

Überhaupt muß erst einmal das Kostüm diskutiert werden. Das kann ja keine normale Uniform sein. Wir sind modern. Wie wäre ganz in Leder, schwarz, weil das teuer ist, oder Motorraddreß oder Rocker. Die Diskussion dieser Frage wird später wieder aufgenommen werden. Zuerst wird der Satz »Auf geht's« nach seinen Inhalten abgeklopft. »Auf geht's«.

So eine kleine Rolle mit einigen Sätzen nennt man in der Theatersprache »Charge«, den Schauspieler, der sie spielt, Chargenspieler. Die Qualität eines Theaters wurde einmal an ihnen gemessen. Eine Charge zu spielen, ist genauso schwer wie eine große Rolle. Der Protagonist kann ruhig zwischendurch auslassen und schwach werden. Er steht lange genug auf der Bühne, um wieder aufzuholen, das Publikum wieder zu kriegen. Aber der Kleine darf nichts verschenken. Er hat ja nur drei Sätze. Und wenn er in den paar Minuten nicht da ist, ist die Rolle nicht gespielt.

Es kommt aber nicht allein auf die Auswahl der Sätze oder Auftritte an. Beispiel: Ein Diener kommt und meldet »Der Herr soundso«, hält die Tür auf, der Herr soundso kommt, kriegt seinen Szenenapplaus, der Diener geht.

So einen hab ich auch einmal spielen müssen, und das hat mich unheimlich geärgert, denn das war keine Charge mehr, das war eine Wurzn. Bei einer Sonntagsnachmittags-

vorstellung für die Theatergemeinde mußte ich wieder melden, ich stutze und frag den Herrn Soundso, »wie ist Ihr Name?« Der überraschte Kollege kippt fast aus der Rolle. Ich: »Wie ist Ihr Name, mein Herr?«

Dem Kollegen fällt keiner ein, nicht mal sein eigener. Ich bleibe Diener: »Der Herr, der seinen Namen nicht kennt« und bin abgegangen. Da habe ich den Szenenapplaus gehabt.

Das sind so harmlose Scherze, die aber Kollegen ganz durcheinanderbringen, und das Publikum merkt nichts davon. Ein Opernsänger hat mir einen solchen, ziemlich grausamen erzählt, den man der Salome geliefert hat. Die lüsterne Salome von Richard

Strauß läßt sich den Gefangenen Jochanaan aus dem Kerker bringen und umgarnt ihn – singend, versteht sich. Der bleibt aber standhaft, wie bekannt, was später dazu führt, daß die Salome noch lüsterner wird und sich vom König Herodes, der seinerseits lüstern auf die Salome ist, das Haupt des Jochanaan wünscht. Vorher muß sie aber tanzen, den berühmten Tanz der sieben Schleier, aber nur wenige Sängerinnen wagen es, alle Sieben fallen zu lassen. Sie kriegt jedenfalls für den Tanz das Haupt des Jochanaan. Dafür muß sie aber auch sterben, aber erst am Schluß. In meiner Geschichte sind wir erst da, wo die Salome den Jochanaan anmacht. Der bleibt standhaft und mahnt sie zur Buße. Wie er grad im schönsten Singen ist, bringen vier Diener seinen Kopf auf dem goldenen Teller und servieren ihn der Salome. Die kann vor Lachen nicht mehr singen und bricht zusammen. Das Publikum hat nichts bemerkt und es für Regie gehalten.

Der Chargenspieler bleibt unerkannt, leider auch auf der Bühne. Oft steht er als »u.v.a.« im Programm – und viele andere. Daß man nicht auffällt, hat natürlich den Vorteil, daß man sich vor der Kritik verstecken kann. Wenn man da wirklich einmal lobend erwähnt wird, ist das meist gönnerhaft, zum Beispiel: »Herrn Soundso gelang es, ein voll beladenes Tablett meisterhaft über die Szene zu transportieren. Sicher würde er als Kellner Karriere machen«.

Meistens wird man aber nur aufgezählt: »Mit von der Partie war auch Herr Soundso.« Zum 65. Geburtstag steht in der Genossenschaftszeitung: »Der Kollege Soundso hat die Goldene Ehrennadel bekommen. Er ist eine Stütze des Theaters und hat regelmäßig seine Beiträge gezahlt«. Im Kulturteil der Zeitungen erscheint erst zu seinem Tod eine Notiz: »Er war ein Meister der kleinen Form. Er fiel nie auf, aber gerade das war seine Qualität. Sicher wird er eine Lücke hinterlassen.« Das liest er aber leider nicht mehr, der Meister der kleinen Form. Und es hätt ihn so gefreut.

Da eine Charge während der Vorstellung meist viel Zeit hat, weil ihn der Dichter boshafterweise am Anfang und am Schluß des Stückes auftreten läßt, sucht er sich eine Nebenbeschäftigung. Er liest die Memoiren seiner Starkollegen, lernt Rollen, die er nie spielen wird, macht den anderen die Steuererklärung oder ist umsonst für die Gewerkschaft tätig.

Chargenspielerinnen haben es leichter, die stricken, legen Karten, sagen als Astrologin den Großen eine noch größere Zukunft voraus. Einige stehen auch während der Vorstellung auf der dunklen Seitenbühne, schauen zu und warten, ob ein Kollege mit einer größeren Rolle krank wird. Ich hab zwanzig Jahre gewartet.

54

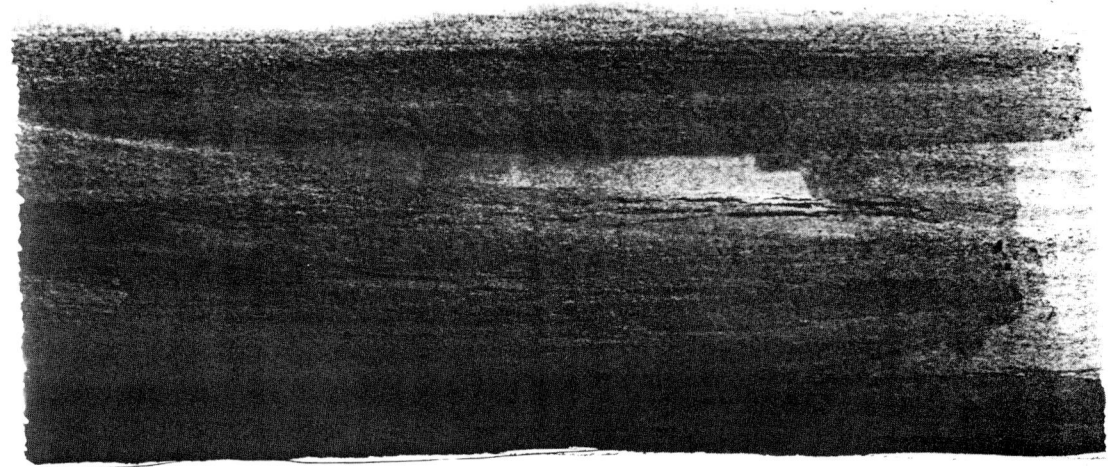

Schauspieler sind ja recht robust und widerstandsfähig, besonders Fachkollegen. Das Verhältnis zu solchen ist wie in anderen Berufen auch: herzlich, freundlich, offen, kollegial. Da gibt es kein böses Wort, solange man beisammen ist. Bei Premieren kommen Kollegen gern in die Garderobe und berichten, wie draußen die Stimmung ist, wie man ankommt, auch ganz offen: »Also du, ich versteh nicht, was die Leute haben, mir g'fallt es«. Oder: »Du, dein Anzug fällt allgemein auf.« Gern lesen einem die Kollegen auch Kritiken vor – schlechte natürlich. Fachkollegen sind auch die ersten, die mir sagen, daß ich schlecht ausschaue und zum Arzt gehen soll und unbedingt weniger arbeiten muß, weil man doch in meinem Alter recht aufpassen muß. Und sie zählen mir alle frühverstorbenen Kollegen auf. Nein, wir haben ein herzliches Verhältnis untereinander, aber ich nehme nie von einem Kollegen einen Apfel, denn da muß ich immer an Schneewittchen denken.

Was Ihnen nicht im Hals steckenbleibt, weil es nicht vergiftet ist, sondern höchstens ein bisserl ausländisch:

Kaninchen in Rotwein

Dieses Rezept hab ich aus Portugal mitgebracht. Dazu geht auch ein Stallhase, der war fast noch besser.
Ziemlich kleine Hasen in Stücke teilen und einige Stunden in Rotwein legen wie Sauerbraten. Wenn man es kriegt, das Blut dazu. Gut abtropfen lassen und scharf anbraten. Zwiebel dazu und das Gewürz der Marinade. Mit wenig Mehl stäuben und die Marinade dazuschütten. Leise kochen lassen. Später noch Rotwein und ein großes Stück Zitronenschale dazu. Das Ganze soll längere Zeit leicht kochen, bis das Fleisch vom Knochen fällt, dazu Kartoffeln oder Weißbrot. Im übrigen keine Angst vor Knoblauch.

Bleiben wir noch beim Essen. Wenn der Schauspieler auf der Bühne oder im Fernsehen zum Whiskyglas, zur Torte oder zur Weißwurst greift, denkt der Zuschauer, der hat es gut. Aber der Whisky ist ein kalter Pfefferminztee, das Eis drin ist Glas, der Champagner ein gespritzter Apfelsaft, und das Bier wird vor der Aufnahme noch mit dem Löffel umgerührt, damit es einen schönen Schaum kriegt.

Wenn etwas Eßbares im Film gebraucht wird, besorgt das der Requisiteur. Der ist für das Handwerkszeug zuständig, für Schwerter, Pistolen, Kronen, Brillen, und auch für Essen. Wenn eine Torte gebraucht wird, kauft er die nach optischen Gesichtspunkten, und sie muß preiswert sein, natürlich.

Wenn der Schauspieler während einer Szene Torte essen soll, macht er meistens den Fehler, daß er bei den Proben schon frißt. Da ist es noch ganz schön, da schmeckt die Torte auch noch. Jetzt die Aufnahme. Torte auf den Tisch, man ißt das halbe Stück und weiß nicht mehr weiter. Nochmal die Szene. Man fängt wieder an, spielt, wie gut die Torte schmeckt, den Text wüßte man jetzt, aber die Torte fällt von der Gabel. So kann das fünf- bis zehnmal gehen. Noch schlimmer wird der fünfte Eisbecher mit Schlagsahne. Zur sechsten Wiederholung hätte man dann lieber eine Portion Rasierschaum mit Senf. Wenn Sie in Zukunft so eine Szene sehen, haben Sie Mitleid.

Kein solches brauchen Sie zu haben, wenn ein Kollege beruflich erstochen wird, die Klinge drückt sich in den Griff. Auch Pistolen sind nicht scharf geladen, hoffentlich, und Ohrfeigen, wären sie noch so schön, muß man vorher abbremsen. Es soll ehrgeizige Kollegen geben, die selbst vom dritten Stock herunterspringen, sich prügeln und vom Auto überfahren lassen. Aber das gibt sich im Lauf der Berufsjahre. Es gibt auch Regiefanatiker, die glauben, ein Schauspieler müsse erst um den Starnberger See laufen, um vor der Kamera zu schwitzen. Ein Koffer müsse mit zwanzig Ziegelsteinen gefüllt werden, nur so könne man ihn realistisch schleppen. Bei diesen Herren bin ich immer recht dumm und laß mir die Szene oft vorspielen.

V. Von Rezepten, wie man zum Film kommt oder auch nicht, wie ich angefangen hab und eine Kerbelsuppe koche

Seien Sie ein guter Zuhörer, lassen Sie den andern von sich erzählen. Ein Rat, der in einem Buch steht, mit dem schönen Titel: »Wie man Freunde gewinnt.« Ein boshafter Kollege hat mir das zu Weihnachten geschenkt. Lächeln Sie – auch ein Rat aus dem Buch. Also, probieren wir es.

Rezeptbücher jeder Art überschwemmen den Büchermarkt. Man kann aus ihnen lernen, erfolgreich zu werden, beliebt, reich, jung, schön, das Singen, Klavierspielen, Tanzen, Backen, Nähen, Kinderkriegen, Sticken und Stricken, Kochen, Dichten, Bauchtanzen und Strippen. Für alles gibt's Anleitungen und Schulungsbücher. Auch Bayer sein kann man lernen und zu leben natürlich auch. Da braucht man allerdings mehrere Bücher.

Viele dieser Werke kommen aus Amerika und haben Millionenauflagen, weil ja die gesamte Menschheit beliebt, reich und erfolgreich werden will. Als erste werden das natürlich die Autoren und Verleger.

Wichtig für das Funktionieren dieser Erfolgsrezepte ist, daß nicht jeder sie gelesen hat. Mit dem Rat zu lächeln, geht's noch. Wenn sich zwei anlächeln, das macht nicht mißtrauisch, daß der andere was will, das kann auch noch Zufall sein. Wenn aber passiert, daß zwei mit der gleichen Taktik Freunde gewinnen wollen und sich genau an das Rezept halten, weiß jeder vom andern: Aha, jetzt kommt der mit Trick 17 aus dem Buch . . . .

Seien Sie ein guter Zuhörer, lassen Sie den andern von sich erzählen. Ein Rezept, nach dem Barfrauen arbeiten, aber auch da sehen Sie, daß eben nur einer den Trick anwenden kann.

Sollten Sie künstlerische Ambitionen haben, Musiker, Schauspieler oder Mannequin-Modell werden wollen, da gibt es auch jede Möglichkeit zum Selberlernen. Bei Foto-modellen, da liest man oft Anzeigen: Wollen Sie dreitausend Mark und mehr verdienen? Wer will das nicht? Gegen Schutzgebühr und Rückporto kommt erst mal ein

58

Testbogen mit dreißig Fragen und der dringenden Empfehlung, beim Starfotografen soundso möglichst schnell Aufnahmen zu machen. Damit sind schon die ersten 500 Mark weg. Aber in einen Traumberuf muß man investieren.

Die nächste Investition, schon etwas höher, ist ein Videotest. Da wird angeblich beurteilt, ob die Traumberufanwärterin foto- und telegen ist. Sie sieht sich dann und wird anschließend in einem Beratungsgespräch aufgeklärt, daß sie die Entdeckung des Jahrhunderts werden kann, wenn sie in die richtigen Hände kommt. Ein solcher Herr meldet sich bald. Er ist Manager, fährt einen Amischlitten, der seiner Freundin gehört, außer Schulden hat er einen Aktenkoffer voller Fotos von Mädchen, die er alle schon zum Star gemacht hat – sagt er. Mißtrauische Mädchen vermuten nun: Aha, der will doch nur..., und deshalb macht er keinen solchenen Versuch. Nein, die Beziehung ist rein geschäftlich. Allerdings ist sein Rat nicht billig. Kosmetikkurs, Klamotten, da hat er überall hin gute Verbindungen und kriegt Prozente.

Dann kommt die Mannequinausbildung. Auch an der Intelligenz wird gefeilt. Wenn das Mädchen einen Job hat, in dem es gut verdient, besorgt er auch einen Kredit, um die Kurse zu finanzieren. Anderenfalls kann er auch Freunde besorgen, die einspringen.

Wenn ein Mädchen das alles unbeschädigt übersteht, darf es an einer Miß-Wahl teilnehmen und träumen von der großen Karriere.

Es gibt sicher einige, die in der Disco, auf der Straße, im Freibad, auf der Wiese oder einer anderen Liegegelegenheit entdeckt wurden. Aber diese Wenigen bleiben die Ausnahme. Trotzdem, die anderen werden mir nicht glauben und sich weiter das Märchen erzählen lassen von der großen Karriere, der großen Mark.

Die schönen Geschichterln, in denen von der zufälligen Entdeckung und Blitzkarriere erzählt wird, stimmen meistens nicht. Und sollte wirklich einmal ein Mädchen auf dem Leintuch für die Leinwand entdeckt werden und eine Rolle kriegen – spätestens bei der Premiere kommt sie auf. Da hilft ihr kein verliebter Gockel mehr, da ist sie ganz allein mit dem Publikum. Drum schenken auch wirklich große Produzenten der Freundin lieber einen Pelzmantel als eine Filmrolle. Und wirklich gescheite Mädchen wählen lieber den Mantel.

Meinen ersten Filmvertrag habe ich kurz nach der Währungsreform gemacht, telefonisch. Man hat mir nur gesagt, ich hätte einen jungen Studenten zu spielen. Einen Liebhaber, nicht den Hauptliebhaber, eine Nebenrolle. Und man würde sich wieder melden. Damals war ich noch nicht so frei, daß ich gleich nach dem Geld gefragt hätte.

obe 75

Das war noch die Idealistenzeit. Liebhaber, habe ich mir gesagt, das heißt schlank und schön sein. Schön habe ich mich damals sowieso gefunden, aber zu dick. Also hungern und abnehmen. Das war schwierig, weil ich, trotzdem wir nicht viel zu essen hatten, dick war. Also habe ich überhaupt nichts mehr gegessen. Alles für den Film.

Ich wurde sechs Wochen später nach Hamburg bestellt. Tausend Mark, Fahrgeld dritter Klasse und Spesen. Dort wurde ich ins Atelier befohlen. Der Regisseur hat sich gnädig nach mir umgedreht, mich angeschaut, den künstlerisch wertvollen Satz gesagt: »So, das ist er.« Den Kopf geschüttelt und wieder weggeschaut.

Niemand hat sich mehr um mich gekümmert, geredet hat auch keiner mit mir. Und das hat zehn Tage gedauert. Ich war, wie man in der Fachsprache sagt, »gestorben«. Vor Langeweile habe ich in den Wäldern der Umgebung Schwammerl gesucht und andere Früchte des Waldes. Die hat es damals ja noch gegeben. Ich hab im Hotel dafür Essen gekriegt, und da ich als einsamer Bayer, den niemand liebt, Kummer hatte, habe ich viel gegessen.

Nach zehn Tagen war die erste Rechnung fällig. Bei der Filmfirma wollte ich jetzt wenigstens das Fahrgeld und die Spesen. Dort hat man sich gewundert: Ach, Sie sind immer noch hier? Da bin ich zum ersten Mal in meiner Laufbahn massiv geworden: »Natürlich bin ich hier und das bleib ich auch, ich bin telefonisch engagiert und das gilt. Und jetzt will ich mein Geld.« Das hab ich dreimal sagen müssen, weil sie es angeblich nicht verstanden haben. Man hat mich wieder dem Regisseur vorgeführt, der hat jetzt genickt, weil ich inzwischen wieder zugenommen hab. Er hat nämlich von Anfang an einen Dicken wollen. Alles ist jetzt wie geschmiert gegangen. Man hat mich eingekleidet, und ich durfte filmen. Im Film war ich einige Male kurz zu sehen, aber nur für Verwandte und Bekannte erkennbar, weil ich so klein war. Das war meine erste Sprosse auf dem Weg zum Ruhm.

Das zweite, für die weitere Karriere entscheidende Ereignis, fand einige Jahre später statt. In Südtirol – ja, da war ich auch, das war der einzige Vorteil, daß man mit dem Geschäft ein bißchen rumgekommen ist – da habe ich wieder mal in einem Heimat- und Bergdrama mitgewirkt. Um das Fahrgeld nach München zu sparen, hat der Produzent drei Schauspieler mit seinem Auto zurückgefahren. Vorne saß seine Gattin. Die war sehr wichtig, weil sie die Rollen besetzt und das Geld gehabt hat. Während der Fahrt wollte ich eine Zigarette zum Fenster hinauswerfen, die flog wieder zurück und der Gattin ins Haar. Ich spielte in meiner Verzweiflung den Helden: Halten S' still, gnädige

Frau, da ist ein Weps. Ich hab dann den Zigarettenweps mit bloßen Händen gefangen und zum Fenster hinausgeworfen. Die Gattin hat mir das hoch angerechnet, auch daß ich so tierliebend war und den Weps auf ihrem Kopf nicht erschlagen hab. Ich gehörte jetzt auch zu ihren Lieblingen und hab nochmal eine Rolle gekriegt. Leider machte der Produzent ein Jahr später Pleite. Er wollte seine Freundin unbedingt zum Star machen, aber das Publikum wollte ihre Filme nicht. Sie hat, glaub ich, reich geheiratet und muß sich jetzt zur Strafe ihre alten Filme im Fernsehen anschauen.

Der sogenannte Heimatfilm wurde damals wiederentdeckt. Erfunden hat man ihn schon früher. Angefangen hat es mit Bergbauerndramen. In einer wilden, abgelegenen Landschaft, möglichst Hochgebirge und Wasserfall, hauste ein einsamer Bergbauer.

Er: hart und knorrig. Sie: Herb, schön mit vielen Zöpfen auf dem Kopf. Das Töchterl: Jungfrau mit noch mehr Zöpfen, aber in blond. Für die Lustigkeit sorgten ein paar depperte Knechte. Dann gab es noch zwei Liebhaber. Den guten, anständigen Bauernsohn, Förster, Lehrer oder Student, auch blond. Der hat am Schluß die Jungfrau kriegt, da war sie aber oft keine mehr. Denn vorher mußte der andere Liebhaber, der finstere, schwarze, manchmal mit fremdländisch welschem Einschlag, beseitigt werden. Er war entweder Knecht, Wilderer, ein loser Geselle, der den Jungfrauen das Leben schwer machte. Gestorben ist er meist beim Wildern, oder er stürzte beim Edelweißbrocken ab oder beim Fensterln. In tragischen Fällen griff auch die Jungfrau zum Küchenmesser, wenn er gar zu aufdringlich wurde, der böse Bub.

In einem bayerischen Heimatfilm mußten noch vorkommen: Ein dicker Pfarrer, seine Köchin, Bürgermeister, Jäger und Bauern ein bißchen rückständig, weil das angeblich komisch sein soll. Ein Großbauer oder der Wirt hatte oft einen Buam, der besonders deppert war, den durfte ich einige Male darstellen.

Die Frauen, alle Ratschen und auch nicht ganz hell auf der Platte. Die Jungen raufen, lieben, tanzen und jodeln und kammerfensterln. Aber der depperte Bua ist sogar zum Fensterln zu blöd und fällt von der Leiter, oder der Vater der Jungfrau erwischt ihn. Ich durfte in fünf Filmen von der Leiter fallen, in den Misthaufen. Viermal hat mich der Vater erwischt und gewatscht, und einmal bin ich so tief abgestürzt, daß ich gestorben bin. Das war meine Lieblingsrolle.

Zum Arbeiten kommt in diesen Filmen kaum jemand. Es ist auch immer Sonntag, denn alle laufen ständig in Tracht – Mieder, Schalk, Kropfkette und Gamsbart – rum. Eben so wie im wirklichen Bauernleben.

Der Bier- und Schnapskonsum ist enorm. Es gibt kaum eine Szene ohne Stamperl und Maß, und nach dem Abendläuten sind so alle besoffen. Mindestens eine Wirtshausrauferei, Messerstechen ist Kavaliersdelikt. Dem Nachbarn wird das Haus angezündet, dem anderen die Milch verwässert. Nach diesem Muster werden auch heute noch viele Filme für Kino und Fernsehen gestrickt. Da wundern wir uns, daß wir im übrigen Deutschland immer noch die Seppeln und doofen Bayern sind.

Später haben sich dann findige Produzenten den Heimatsexfilm ausgedacht. Der Dings in der Lederhose und so weiter. Diese Werke sollten der Aufklärung der zurückgebliebenen Bevölkerung, der schulschwänzenden Berufsschüler und der Gastarbeiter mit Nachholbedarf dienen. Die Produzenten wurden schnell reich. Die Schauspieler weniger, denn gerade in dem Bereich ist der Verschleiß enorm. Das interessierte Publikum will ja immer neue Gesichter sehen . . . das heißt, Gesichter weniger. Ganz Schlaue haben alles zusammengemixt: Berg, Jungfrau, Liebe im Stroh, Fronleichnam und Wallfahrt, Jäger und Wilderer, Schuhplattler und Messerstecherei. Das verkauft man als originales Bayerntum. Und viele Bayern sitzen im Kino und freuen sich, daß mir solche Hund san, solche odrahten.

Genauso verlogen kann die lyrisch-romantische Bayerndarstellung sein: Wenn der Frühlingswind, der linde, ums Haus streicht. Und drin in der Stuben in der Wiagn das Kinderl liegt und lacht, und des Muatterl schaukelt die Wiagn und sinnt und denkt selm: bist mei liabs Kinderl, mei kloans. Und 's Kinderl, es lacht und dramt von einem Bayernhimmel, wo die Engerl Halleluja jodeln.

Da ist auch unser guter, schöner, junger Märchenkönig Ludwig nicht mehr weit. Jetzt lege ich mich wieder mit ein paar Vereinen an und Ludwig-Fans. Dann werden auch die Interessen der Ludwig-Bierkrügelhersteller, der Ludwig-Handtuch-Küchenschürzen und Ludwig-Potschamperl, Schneiztüchel, Schnupftabaksdosen, der Ludwig-Ring, Pfeifen und Feigenkaffeehersteller erheblich verletzt, wenn man da was sagt. Und selbst die Literaten- und Verserlschmiede leben ja ganz gut von der Vermarktung von unserem guten schönen Märchenkönig.

In neuerer Zeit wird an diesem bayerischen Denkmal gekratzt. Ungeheuerliche Vorwürfe: Er wäre gar kein so guter König gewesen, habe auch seine Bayern gar nicht geliebt, im Gegenteil: er habe uns an die Preußen verkauft, für eine Rente von dreihunderttausend Mark jährlich – Goldmark. Er habe sich vom Bismarck abschmieren lassen. Gesoffen hätte er auch und ein Haschbruder wäre er gewesen und auch sonst ein ganz ein anderer. Aber das sind sicher so linke Vögel, die das behaupten, denen nichts heilig ist, nicht einmal ein König. Der Märchenkönig wird uns Bayern noch lange in zwei Lager spalten. Jedenfalls hat er das Geld längst wieder reingebracht, das er gekostet hat.

Gut vermarkten lassen sich auch Räuber und Wilderer. Dem sagenhaften Bayerischen Hiasl zum Beispiel hat Schiller als Karl Mohr ein Denkmal gesetzt. Der Hiasl, alias Matthias Klostermaier, war anfangs ein ganz einfacher normaler Wilderer, bei dem man günstig Hasen und Rehe kaufen konnte. Die Leute haben damals mit ihren Landesherren viel Ärger gehabt, wie wir heute mit dem Finanzamt. Sie haben den Hiasl zum Freiheitshelden hochstilisiert, ihm Unterschlupf gewährt. Der Hiasl, jetzt erfolgreicher Rokokoterrorist, hat eine Gang gegründet und hauptsächlich im bayerischen Schwaben geraubt und geplündert. Schließlich hat er Expeditionskorps von dreihundert Soldaten beschäftigt. Im Wirtshaus von Osterzell wurde er mit seiner Bande gefangen, in Dillingen zum Tod verurteilt – an seinem Geburtstag.

Auch der Wildschütz Jennerwein hat sich in die Herzen der bayerischen Oberlandler geschossen. Theaterstücke, Romane, G'sangl und Schnaderhüpfel künden seinen Ruhm. Was ihn so beliebt gemacht hat, war der Umstand, daß er als Wilderer von hinten erschossen worden ist. Eigentlich soll er nur ein arbeitsscheuer Raufbold und ziemlich g'scherter Ramml gewesen sein. Nach seinem Tod wurden Jäger im Tegernseer Tal verdächtigt, ihn hinterrücks erschossen zu haben – aus Eifersucht. Sie haben kein leichtes Leben mehr gehabt. Der Wildschütz Jennerwein hat sich um die Bayern-Folklore verdient gemacht.

Der prominenteste Kriminalbayer ist Matthias Kneissl geworden. Er stammt aus einer Räuberdynastie. Schon der Onkel Johann wurde erschossen. Aber nur von einem Komplizen. Die Mama Kneissl war Wilderin, ein loses Weibsbild und Mutter von fünf Kindern, die sie alle zu braven Räubern und Wilderern aufzog. Nachdem der nicht

minder brave Vater im Gefängnis gestorben ist, hat der Sohn Matthias die Geschäfte übernommen und sich drauf spezialisiert, einzelstehende Bauernanwesen zu überfallen. Bald war er so gesucht, daß vierhundert Mark auf ihn ausgesetzt waren. Weil er zwei Polizisten erschossen hat, wurde er über Nacht populär. Er nannte sich stolz Bayerischer Hiasl Nummer Zwei oder Rächer der Armen. Dieser Ehrentitel machte ihn zum Jungfilmerhelden.

Er wurde verurteilt und soll am Hinrichtungstag die berühmt gewordenen Worte gesagt haben: »Die Woche fängt ja gut an«. Die neuere Kneisslforschung allerdings bezweifelt das, da er an einem Freitag hingerichtet wurde. Matthias Kneissl hat sich um den jungen deutschen Film verdient gemacht.

Eine Variante der Bayern-Folklore ist bei der Kritik besonders erfolgreich und beliebt: die Abrechnung mit Bayern, dem Land, in dem man nicht mehr leben kann, von dem man bestenfalls noch Geld nimmt, um sich eine Fahrkarte nach dem Nordpol oder Grönland oder sonstwohin zu kaufen, halt dahin, wo man frei leben kann. Zu Filmpremieren oder zur Entgegennahme von Auszeichnungen und Prämien kann man ja wieder zurückkommen in das ungeliebte Land, das bewohnt wird von miesen, saufenden, blöden Deppen. Wo man nur einen Stammtisch hat mit trinkfesten Freunden, die einen verstehen.

Und die übrigen Bayern, die es nicht merken, daß sie hier in Unfreiheit, Versklavung, Armut und Knechtschaft leben müssen, knien vor diesen Kunstwerken, von der Kritik eingeschüchtert und trauen sich nicht einmal laut zu lachen.

So, und daß ich nicht nur massle, wird jetzt gekocht, heute aus der bayerischen Küche.

Kerbelsuppe

Zirka zweihundert Gramm Kerbel lang waschen, lauwarm, dann fein hacken oder wiegen. Mit einer guten Portion Butter eine dicke Mehlschwitze machen, Zitronensaft und gehackte Schale und den Kerbel dazu. Muß gut durchziehen und weich werden.
Langsam mit einer Tasse Milch aufgießen und jetzt anfangen mit Fleischsuppe – am Werktag geht auch eine aus dem Packerl – verdünnen. Nach dem halben Quantum Suppe zwei geschlagene Eier einrühren und ab jetzt nicht mehr aufkochen lassen. Den Rest der Suppe dazu, wenn man mag, mit etwas Muskat und Rahm verfeinern.

Noch eine Frühlingssuppe – aus Sellerie. Sie brauchen eine große Knolle, können aber auch Stangensellerie dazugeben. Sellerie in kleine Würfel schneiden, mit wenig Wasser, Salz und Zitronenschale halbweich kochen.
Wieder eine Mehlschwitze machen, mit Zwiebeln. Mit einer Tasse Milch aufgießen. Dann den Sellerie mit dem Kochwasser im Mixer zu Püree zerkleinern und langsam zur Suppe aufgießen. Sie darf dickflüssig sein. Mit Pfeffer, Muskat und Zitronensaft abschmekken, vielleicht etwas Fleischextrakt dazu. Gut ist auch Rahm.
Schön schaut die Suppe nicht aus, aber gut ist sie.
Genauso kann man übrigens aus gelben Rüben, Fenchelknollen oder Petersilwurzel eine Suppe machen.
Wenn man wenig Flüssigkeit nimmt, gibt es ein Gemüsepüree, wie es jetzt in der neuen französischen Küche gekocht wird.

VI. Wie ein Spielfilm entsteht und welche Rolle Meeresfrüchte in Avocados dabei spielen

Wie kommt man zum Film? Ein sicheres Rezept dafür gibt es nicht. Bei mir war's ein Zufall, weil man einen jungen Dicken gebraucht hat, der dumm schaut, für einen Heimatfilm, aber das hab ich ja schon erzählt.

Ein verbreiteter Irrtum ist, daß man nur genügend Ausdauer haben müßte, auf viele Parties gehen, in jeder Klatschspalte stehen, viel schlafen ... mit den Richtigen, also mit den Richtigen viel schlafen oder nur genug auffallen müßte. Aber wem will man auffallen? Einem Produzenten?

Der Filmproduzent ist in erster Linie Geschäftsmann. Wenn er ein guter ist und es fällt ihm ein Mädchen auf, so kauft er ihr einen Pelzmantel zum Sommerpreis und wenn er sparsam ist, heiratet er sie vielleicht. Aber er läßt sie doch niemals vor die Kamera. Oder nur einmal.

Zu ihm geht der Drehbuchautor mit einer Idee, wenn er eine hat: »Ich hätte da einen wunderbaren Stoff, ganz heutig, also neu, hart, realistisch, aus dem Leben, mit Sex, aber jugendfrei auch für ältere Jahrgänge.« Er verspricht das Blaue vom Himmel herunter, meist hat er aber nur den Titel »Liebe mich«, und das sieht dann so aus: Ein Junge macht ein Mädchen an, sie will aber nicht, er bringt sie um und sich dann auch.

Sehr begeistert ist der Produzent noch nicht. Tausendmal dagewesen. Die Gattin schlägt vor, ein armes Mädchen zu machen oder blind oder arm und blind. Der Autor kriegt 5000 Mark Vorschuß plus Mehrwertsteuer und geht sofort in Urlaub. Der Produzent sucht während dieser Zeit Geld. Dummerweise hat er keins. Und wenn er eins hätte, würde er keinen Film finanzieren. Dazu ist das Geschäft zu unsicher. Er braucht Partner. Die Bank will Sicherheiten, aber sicher ist nur der Titel: »Ich liebe dich.«

Er gründet eine neue Firma: Amor-Film-Produktion. Der Produzent hat schon eine andere Firma, aber die hat noch mehrere Verbindlichkeiten offen. Er feiert die Gründung der Amor-Film. Ein bekanntes Feinkostgeschäft richtet die Party aus. Prominente von Film, Funk und Fernsehen, aus Politik und Wirtschaft kommen, weil sie die Qualität der Feinkostfirma kennen. Das Projekt »Ich liebe dich« wird jetzt auch durch die

Presse bekannt. Die Filmwelt spitzt die Ohren. Mehrere Regisseure sind im Gespräch. Eine Schauspielerin, die von einem Regisseur, der im Gespräch ist, gehört hat, daß sie für eine Rolle im Gespräch wäre, läßt sich vorsorglich den Busen operieren und die Nase korrigieren. Der Feinkosthändler will seine Rechnung kassieren, drum geht der Produzent zur Entschlackungskur. Die Gattin geht während der Zeit fremd. Übrigens, auf der Party, die immer noch nicht bezahlt ist, war eine Vorspeise ein großer Erfolg:

Meeresfrüchte in Avocados

Zwei reife Avocados teilen, den Kern herausheben und das Fleisch ausschälen, so daß es schöne Stücke werden. Hundert Gramm Garnelenschwänzchen. Wenn Sie irgendwo einen Hummer herumliegen haben, hundert Gramm Hummerfleisch. Wenn nicht, kaufen S' noch Krabben dazu. Einige Champignons schneiden und ein hartgekochtes Ei. Dann aus einigen Löffeln Majonnaise, etwas geriebenem Meerrettich, einem Löfferl Senf und Tomatenketchup, dann etwas trockenem Sherry, einer Tasse geschlagenem Rahm, Salz, Pfeffer und einem Schuß Angostura eine Creme rühren. In diese Creme Champignons, Meeresfrüchte und die mit Zitronensaft marinierten Avocadowürfel unterziehen, in die Avocadoschalen geben und mit dem gekochten Ei bestreuen, vielleicht noch größere Scampi-Schwänzchen drauf verteilen und kalt servieren.

Das Film-Projekt »Ich liebe dich« gedeiht. Nach mehreren Arbeitssessen hat der Produzent die Teilfinanzierung. Er kann dem Autor wieder Vorschuß zahlen, der Freundin einen Pelzmantel kaufen, daß die beruhigt ist und nicht mitspielen will. Der Regisseur mit der Frischoperierten ist nicht mehr im Gespräch, so daß die jetzt ohne Busen und

71

Nase dastehen würde, wenn sie nicht in weiser Voraussicht mit dem Schönheitschirurgen was angefangen hätte.

Ein neuer Regisseur ist jetzt im Gespräch, ein Profi, der sogar schon einen Film gemacht haben soll. Der ist allerdings kaum im Kino gelaufen. Dafür wurde er auch nicht gedreht. Es war ein sogenannter Abschreibungsfilm – ein Verlustgeschäft – und das sollte er auch sein.

Der Profi macht Probeaufnahmen, um die Besetzung auszusuchen. Gesucht wird: ein modernes Mädchen, Gesicht noch unverbraucht, fotogen mit guter Figur und viel Busen. Aber dazu ist leichter als weg.

Als Vorreklame, um den kommenden Film »Ich liebe dich« bekannt zu machen, werden die Probeaufnahmen in Zusammenarbeit mit der Presse gemacht. Der ganze Zirkus wird nicht veranstaltet, um ein neues Gesicht zu finden, sondern einen Finanzier. Im Fall »Ich liebe dich« hat noch keiner angebissen. Der Produzent muß wieder eine Firma gründen, beziehungsweise die Frau, denn er hat noch Schulden. Es soll eine Art Genossenschaft werden. Jeder kann Geld einbringen und ist dafür entsprechend am Film beteiligt – am Gewinn und auch am Verlust. Also ein unsicheres Geschäft. Nur der Produzent ist abgesichert, denn seine Vorkosten, sein Gehalt, Spesen usw. nimmt er gleich von der ersten Einlage weg. Endlich kann er seine Schulden zahlen und ein neues Buffet bestellen. Da treffen sich alle wieder und feiern das Projekt »Ich liebe dich.«

Das ist nicht ausgedacht, das ist alles dagewesen – echt. Nur daß es in Wirklichkeit noch ärger war: Fünf Schauspieler haben sich freigehalten, der Autor, der Regisseur ein halbes Jahr vorbereitet. Der Film wurde nie gedreht, das Buffet nie bezahlt. Der Produzent lebt jetzt in Südamerika. Er hat den Beruf gewechselt. Er ist Anlageberater.

VII. Über das Filmen mit Genies, die Kunst, mit Kritikern zu leben und Hahn in Wein zuzubereiten

Schon in der Schule habe ich den Aufsatz gefürchtet. Und Turnen noch, in Rechnen war ich auch schlecht. Und in Physik, aber in Musik, im Singen und im Zeichnen war ich gut. Und da such ich mir jetzt ausgerechnet was wie Aufsatzschreiben. Noch schwerer. So ein Buch kann man nicht einfach hinschreiben. Da hat ja kein Mensch eine Ahnung, was das für eine Arbeit ist.

Nachts wird man wach, weil einem was einfällt, dann schreibt man ganz glücklich den schönen Satz auf. In der Früh liest man ihn nochmal und wirft ihn weg.

Leichter haben es Kollegen, die sich Zettelkästen oder Witzkarteien schon in der Jugend angelegt haben. Jeder Scherz und jeder Witz, und wäre er noch so klein, wird eingetragen und aufgehoben. Seriöse Autoren lassen einen fremden Witz mindestens 5 Jahre lagern, bis sie ihn als eigenen verkaufen. Die Vorsichtigen sagen allerdings: »Also da hab ich gestern einen Witz gehört . . .«

Ich kann mir leider keinen merken. Darüber sind manchmal Leute enttäuscht, wenn man eingeladen wurde. Angeblich zum Essen. In Wirklichkeit aber mehr, um die anderen Gäste zu unterhalten.

Ich hab noch nie gehört, daß von einem Arzt verlangt wurde, daß er für das Essen die Hausfrau operiert – umsonst.

Es gibt so bestimmte Berufe, da wird von anderen ständig an den Idealismus appelliert. Wenn ich zum Beispiel mit einer Gage nicht einverstanden bin, kommt prompt vom Produzenten die Frage: »Aber Herr Sedlmayr, haben Sie denn gar keinen Idealismus mehr?«

Nach Brockhaus ist Idealismus: Opferfreudige Hingabe an große sittliche Gedanken, Begeisterung. Und ein Idealist ist ein vertrauensseliger Schwärmer. Also ich kann mir als Schauspieler einfach nicht mehr leisten, Idealist zu sein.

Meinen letzten Fall von Idealismus hab ich vor elf Jahren gehabt: bei einem Jungfilmer. Er hat damals in einer großen Villa gewohnt, zusammen mit mehreren Idealisten.

Idealistinnen waren auch dabei, aber die waren mehr für Hausarbeit und Bettenmachen zuständig. Früher hat man solche Damen Musen genannt. Ich wurde für 9 Uhr bestellt und bin als pünktlicher Mensch schon ein bißl früher gekommen. Das war ein Fehler. Um 12 hätt's auch gereicht. Von 9 bis 11 Uhr habe ich einer Putzfrau zugeschaut, wie sie Glasscherben zusammengekehrt hat, weil ein Genie in der Nacht vorher die Fensterscheiben einwerfen mußte, zur Selbstfindung, hat s' g'sagt.

Um 11 ist dann ein französischer Fotoreporter gekommen und hat fotografiert, nicht mich, die Glasscherben. Grad als ich zum Mittagessen gehen wollte, weil ich Hunger gekriegt hab, ist ein Motorradfahrer aus einem Zimmer gekommen. Ohne Motorrad. Aber so ausg'schaut hat er. Er hat mir erklärt, daß die ganze Welt, Theater, Film und alles, was ich bis jetzt gemacht hab, Scheiße wär, und hat mich wieder allein gelassen.

Die Putzfrau, die auf's Geld gewartet hat, hat mich aber getröstet, daß er es nicht so meint. Sie hat mir dann einen Kaffee gemacht. Allmählich sind andere Motorradfahrer gekommen, einer hat mir den Kaffee wieder weggenommen und gesagt, der Kaffee wär auch Scheiße. Die Putzfrau hat dann für alle einen Scheiß-Kaffee gemacht. Sie ist übrigens später auch zum Film. Als Schauspielerin. Genau genommen, hat sie nur einen Film gedreht, nennt sich aber seitdem Schauspielerin und weigert sich hartnäckig, wieder zu putzen.

Das Genie, das die Fensterscheiben eingeworfen hat, ist dann gekommen, auch als Motorradfahrer gekleidet. Hat mich sehr ungnädig angeschaut und gemeint, an sich wär ich der Typ, den er braucht, aber es wär halt Scheiße, daß ich Schauspieler wär.

Ich bin da geblieben, weil mich der Betrieb interessiert hat und man so selten Genies trifft.

Beim Drehen dann, in einer Wohnung, sind all die Damen eingespannt worden für Garderobe, Schminke, Requisite, aber niemand hat mir gesagt, was ich zu spielen habe, das Genie war nicht da.

Der Kameramann hat die Szene vorbereitet, Licht gemacht. Er war ein Profi. Dann ist das Genie aufgetreten, sehr ungewaschen und sehr schlecht gelaunt. Hat Blumen auf den Tisch verlangt und was zu trinken. Dann war Pause, bis die Blumen da waren.

Eine Muse hat einen Arm voll Märzenbecher gebracht, und zwei Musen haben dann die Blumen in einer Bratrein arrangiert. Die Blumen waren endlich fertig, aber dann war Mittagspause. Nachmittag war das Genie dann besserer Laune, aber die Blumen auf dem Tisch waren Scheiße, sie wurden entfernt. Die Bratrein haben's vergessen.

Um 4 Uhr war's dann endlich soweit, daß gedreht werden sollte, aber da war die Hauptdarstellerin weg. Sie war bei einem Englischkurs, weil sie nach Hollywood auswandern wollte. Um halb sechs war sie dann aus Hollywood da. Ich hab erfahren, was ich in meiner Rolle zu sagen hatte, nämlich nichts. Ich sollte die Hauptdarstellerin nur anstarren und sie zurück. Drei Minuten lang. Die Szene wurde von einem Kritiker als besonders genial beschrieben. Der fand auch so toll, daß in einer Ecke verwelkte Märzenbecher herumgelegen sind, und besonders symbolisch war für ihn die leere Bratrein auf dem Tisch. Und daß wir uns angestarrt haben. Zur Sprachlosigkeit erstarrt, hat er geschrieben.

Im Kino ist der Film nur ganz kurz gelaufen. Er hat aber einen Preis bekommen. Der Kritiker war auch in der Jury. Und im Fernsehen ist er gelaufen als Nachtprogramm.

Nach dem Drehtag hab ich mir erlaubt, ganz spießig zu fragen, wieviel Gage ich krieg. Mir wurde erklärt, daß alle Idealisten wären und drum jeder das gleiche kriegt. Ein Jahr später hab ich dann ganz überraschend DM 37,- mit der Post gekriegt. Damals hab ich aufgehört, im Beruf Idealist zu sein.

Bei uns in Deutschland wird alles eingeteilt in Fachbereiche – auch die Kunst.

Da gibt es die schwere, die ernste Kunst, das ist Oper, klassische Musik, Ballett, Schauspiel, halt alles, was besonders teuer ist.

Dann kommt die schwere, moderne Kunst. Die mag fast keiner, aber fast niemand gibt das zu.

Dann die moderne, progressive, fortschrittliche Kunst. Da traut sich manchmal einer sagen, daß er sie nicht versteht oder mag. Zum progressiven Künstler kann man sich selber ausbilden. Man braucht eine Motivation und gesellschaftliches Engagement, auch gewisse handwerkliche Fähigkeiten helfen sehr – zum Beispiel Spengler, Schmied, Werkzeugmacher oder Schreiner. Oder auch nur eine gute Portion Frechheit.

Auch ist es unbedingt erforderlich, sich einen Stab von Kunstkritikern zuzulegen. Entweder gründet man einen Stammtisch, tritt einer politischen Gruppe bei – besser mehreren – oder man geht regelmäßig in eine Sauna.

Am schwersten haben es immer die armen Leute, die leichte Kunst machen, Unterhaltung oder Humor. Humor machen müssen vergrämt. In den zuständigen Abteilungen sitzen drum meist nur ernste Menschen und Akademiker. Sie verbrauchen sich rasch, und wenn einer nicht das Glück hat, bald in der Kultur- oder ernsten Kunstabteilung Unterschlupf zu finden, muß er Frührentner oder Kritiker werden.

Obwohl, Kritiker ist auch ein schwerer Beruf. Man sagt, sie wären Verhinderte, die es selber gern täten. Aber nicht könnten und neidisch wären. Nein, so einfach ist das nicht . . . Ich mein, so einfach über Kritiker reden . . .

Künstler, die Erfolg haben, sind manchem Kritiker verdächtig. Er nennt sie Etablierte und Profis. Danach wäre es also das beste, seine Erfahrung zu vergessen und immer wieder anzufangen. Kritiker lieben Anfänger, sie entdecken gern.

Damals, zu Jungfilmerzeiten, hatten Laien den Vorzug, daß sie billiger waren. Das hat sich inzwischen geändert. Heute ist ein echter fast wieder billiger. Aber nicht nur als Schauspieler sind Laien auf dem Vormarsch, auch als Drehbuchautoren und Romanschreiber machen sie dem Berufsdichter Konkurrenz. Da schreiben Hausfrauen Heftelromane, grüne Witwen Pornos, Ärzte machen Gedichte, Juristen Kriminalstücke und Politiker erzählen Märchen.

Jetzt ein Rat für Leute, die entdeckt werden wollen.

Vergiß alles, was du gelernt hast – wenn du was gelernt hast.

Schau dich auf dem Kunstmarkt um, was zur Zeit in ist. Laß dir das Gegenteil einfallen, nenne es die Alternative.

Such dir eine Verkleidung und trage dieses Kostüm bei jeder Gelegenheit.

Suche die Öffentlichkeit, versuche aufzufallen. Steige in die Politik ein, vermeide es aber, dich festzulegen. Erkläre jeder Partei und jeder Richtung, daß du sie ablehnst. Nur so wirst du interessant für Förderpreise.

Erfinde eine Sprache deinem Kostüm entsprechend. Gut ist es, einen Dialekt zu beherrschen. Mit Kunstbayrisch funktioniert das auch. Wenn du Dichter werden willst, schreibe auch im Dialekt, das hat den Vorteil, daß es schwer lesbar ist. Vergiß aber nie, daß du Bayern zu hassen hast. Gut kommt die Vulgärsprache an. Erkläre, daß du in der Schule schon eine totale Randale gemacht hast und so – und aus der 6. Klasse ausgeschieden bist, weil da nichts mehr gelaufen ist und so . . . und daß dir der Leistungszwang »to much« war und so . . . und du jetzt in der Szene rumflippst und Kohle brauchst und so . . . und daß Goethe was ganz Heißes ist, und daß du auf Goethe abfährst und so . . . Und wenn dich einer fragt, warum denn grad Goethe, dann sag ihm, daß du auf Goethe einen Bock hast und so . . . Warum, das erklär ich dir später, wenn du groß bist.

Wichtig ist auch noch, allen Leuten zu sagen, daß dich hier alles langweilt und ankotzt. Und daß du auswandern willst. In die Antarktis. Nimm dir aber warme Sachen mit.

78

Als Kritiker hat man insofern den Vorteil, daß man streng genommen nur schreiben muß, was falsch ist. Das ist sowieso leichter. Wenn ein Kritiker dann noch das Glück hat, daß er seine Grammatik beherrscht, flott schreiben kann und über ein gutes Gedächtnis verfügt, braucht er nur noch ein Pseudonym oder besser mehrere. Ein Kritiker schreibt oft für mehrere Blätter, damit es nicht so auffällt, unter verschiedenen Pseudonymen. Manche schreiben auch gern Theaterstücke und werden dann – wenn überhaupt – weit weg aufgeführt. Eine beliebte Einnahmequelle ist auch der Sitz in einem Gremium, das Preise verteilt.

Es soll auch Kritiker geben – das sind jetzt alles böswillige Gerüchte – die sich als Autoren für Film und Fernsehen betätigen. Als Ghostwriter – Geisterschreiber. Oder so lange verreißen, bis sie einen Auftrag bekommen. Aber wie gesagt: Gerüchte, Gerüchte.

Kritiker gibt's in allen Bereichen der Kunst, und seit wir die Edelfreßwelle haben, sind die Restaurantkritiker fast die erfolgreichsten. Deshalb jetzt ein Rezept, mit dem Sie beste Aussichten haben, bei Kritikern anzuecken, weil's viele Variationen gibt, und jeder mag eine andere.

Hahn in Wein

Wenn's keinen Hahn gibt, dann nehmen S' halt ein nicht zu großes Huhn – Brathuhn natürlich. In sechs Portionen teilen und abtrocknen, gut würzen mit Salz und Pfeffer, in neutralem Fett anbraten, daß es gut Farbe kriegt, dann mit etwas Mehl stäuben. Darauf geschnittene gelbe Rüben, Sellerie, das Weiße vom Lauch, Zwiebeln und Zitronenschale. Dann Weißwein drübergießen, bis das Fleisch bedeckt ist, einen herben, Riesling ist gut. Das Ganze bei guter Hitze kochen lassen, eigentlich köcheln, damit zwei Drittel des Weins verdampfen.
Die Sauce schmeckt erst einmal langweilig, würzen Sie aber nicht nach, warten Sie, bis der Geschmack kommt.
Während einer knappen halben Stunde verkocht der Wein, es bleibt eine sämige Sauce, die man mit gutem Fleischextrakt, Zitronensaft, Salz und Pfeffer und, wenn man mag, ganz zuletzt mit einer oder mehreren Knoblauchzehen nachwürzt.
Reis oder Weißbrot dazu.
Jetzt die Variationen: Keine Gemüse, nur Zwiebeln, Zitronenschale und Ananas über das angebratene Huhn. Exotisch wird das Ganze, wenn man mit Curry würzt, und Knoblauch paßt auch bei Ananas.
Oder Huhn in Rotwein: genauso vorbereiten, aber stärker würzen. Lorbeerblatt, Piment, Nelke, viel Zitronenschale, Estragon, viel Knoblauch, aber immer zuletzt.
Wichtig für alle Variationen: vor dem Anrichten einen großen Löffel Crème fraîche in die Sauce.

VIII. Vom Zwiebelkuchen und der Unterhaltung im Fernsehen, dazu vom Ragout fin und ein paar Tips, ohne die nämliche auszukommen

»Haben Sie ein bißchen Zeit«, eine Frage, heute so ungewöhnlich, daß sie wie der Titel einer Fernsehsendung klingt. Zeit ist was ganz Rares, Kostbares geworden. Hat der Tag denn nicht mehr 24 Stunden und das Jahr nicht mehr 365 Tage?

»Haben Sie Zeit für mich?« diese Frage dürfen nur mehr ganz gute Bekannte stellen oder Naivlinge, die nicht ahnen, was sie da von einem verlangen – Zeit. Und man gerät auch gleich in Panik: Ja, fünf Minuten, denn ich muß heute noch das und das und das auch noch.

Wenn man Zeit kaufen könnte oder eintauschen von anderen, von einem Penner zum Beispiel, der schon vier Stunden auf derselben Bank hinter dem Rathaus liegt. Darum ärgert man sich über den auch besonders. Man möchte nicht tauschen mit ihm, aber seine Zeit möchte man. Noch vor zehn Jahren war einer stolz darauf, wenig Zeit zu haben, gehetzt oder gejagt zu sein. Heute denken wir darüber nach, wie wir uns einen Vorrat an Zeit anlegen könnten. Wenn wir nur Zeit dazu hätten.

Drum ist es auch so furchtbar schwierig, die Leute zu unterhalten, denn das ist die Aufgabe der Unterhalter: ihnen die Zeit zu nehmen, so, daß sie es möglichst nicht merken. Was glauben Sie, was das Zeit kostet, den Leuten die Zeit zu vertreiben. Musiker haben es leichter, die lassen sich einmal was einfallen, und dann läuft das tausendmal. Aber unser Geplauder, unsere Glossen, unsere Bücher sollen ja immer wieder neu sein. Es gäbe schon die Möglichkeit des Abschreibens, aber da bin ich in der Schule schon immer aufgekommen. Dann kann man zitieren, wenn einem selber nichts einfällt. »Wie schon Goethe oder Schiller sagte . . .« Es folgt dann ein längeres Gedicht. Das hat den Vorteil, daß es nichts kostet, an Tantiemen. Das sind Gelder für das Recht, einen Dichter bis zu seinem siebzigsten Todesjahr lesen zu dürfen, öffentlich. Nach siebzig Jahren darf man mit dem Dichter alles umsonst machen: Abschreiben, vorlesen, umdichten, zerdichten – bearbeiten heißt das. Das bringt Geld, darum wird es so gern gemacht. Kein Klassiker wird mehr unbearbeitet gespielt, zwengs am Diridari.

»Wer reitet so spät durch Nacht und Wind,
es ist der Vater mit seinem Kind . . .«
So kostet das Gedicht überhaupt nichts.
Aber: »Wer radelt so früh durch Nacht und Wind,
es ist die Mutter ohne ihr Kind.«
Das bringt was. Darum erkennt man Klassiker oft nicht wieder.

Neulich war ich leider im Theater, in Othello oder der Mohr von Venedig. Nichts mehr in der Tragödie war von Shakespeare, nur der Mohr war noch schwarz. Ich hätte als Bearbeiter auch noch den Titel geändert, in »Othello – der Trottel von Venedig«. Das hätte besser hingehaut. Sie, die Desdemona, war allerdings auch leicht bescheuert. »Othello – oder die zwei Deppen von Venedig«. Irgendwo habe ich gelesen, daß man das Stück gegen den Strich gebürstet hat. Wenn man ein Stück alle zehn Jahre so bürstelt, kann man sich ausrechnen, was nach einer Generation vom Original noch übrig bleibt. Aber in Generationen denken, gilt als verwerflich konservativ. Das macht alt, und wer will das noch sein, besser – wer darf das noch sein. Nur in der Küche schätzt man ja noch das Altbewährte. Drum zum Trost ein ganz altes Rezept.

Zwiebelkuchen

In eine Springform geben Sie einen Boden und drei Finger hohen Rand aus gesalzenem Hefeteig. Die Masse: Ungefähr zwei Pfund Zwiebel, gut sind die weißen, frischen, Zwiebeln in Scheiben schneiden, mit einem Stück Butter weich dünsten. Ein halbes Pfund Schinken oder Wammerl in Streifen schneiden und zu den Zwiebeln geben. Dazu Salz, Pfeffer und, wenn man mag, Kümmel. Das Ganze nimmt man vom Feuer, schüttet einen halben Becher süßen Rahm dazu, wieder gut durchrühren, zuletzt zwei ganze Eier und zwei Eigelb schlagen und unter die Masse rühren. Wenn Ihnen das zu flüssig vorkommt, mit Mehl stäuben. In die Form geben, mit Eiweiß überpinseln und bei mittlerer Hitze backen. Den Kuchen kann man kalt oder warm essen. Ein trockener Weißwein gehört dazu.

An humoristischen Sendungen arbeitet meist ein größeres Team. Denn wenn einem was einfällt, was Lustiges, so braucht er die anderen zum Lachen. Für eine Sendung muß zuerst einmal der Titel gefunden werden. Der ist oft das Beste. »Spiel mit mir...« Nein, das war schon, da könnte auch das Publikum was Unanständiges vermuten. »Spiel am Samstag...« Nein, da sind die Norddeutschen dagegen. Dann »Spiel am Sonnabend...« Nein, da sind wieder die Bayern sauer. »Das fröhliche Wochenende...« Nein, das ist wie Kraft durch Freude. Ja und? Wäre nostalgisch – »Lili Marleen« und so... »Heimat deine Sterne...«

Jetzt hat einer eine Idee: »Aller guten Dinge sind drei«. Ja, sehr schön, aber was sind die drei Dinge? Musik, Tanz und gute Laune. Ja, Musik kriegen wir, Ballett auch, aber woher die gute Laune, meint einer und fängt schallend zu lachen an. Alle sind glücklich, der hat jetzt eine Idee. Aber er kann sie nicht rauslassen, weil er noch lachen muß.

Eine Sekretärin meint vorlaut: Sollten wir nicht speziell die Frauen ansprechen? Ja gern, es ist ja sowieso das Jahr der Frauen. Nein, jetzt ist das Jahr der Behinderten. Ja, dann sprechen wir eben die Behinderten an... Am Samstag?

Der Lacher hat sich inzwischen beruhigt. Alle warten auf seine komische Idee, aber er hat über eine englische Sendung gelacht, die er gesehen hat – auf einer Dienstreise. Weil man doch wissen muß, was in der Welt an Humor produziert wird.

84

Eine neue Idee: Das Publikum darf den Titel wählen. Zeitungen machen das ja auch gern, wenn ihnen zu einem Thema nichts einfällt, fragen sie Prominente oder den sogenannten kleinen Mann auf der Straße. »Was halten Sie davon?« Das macht die Seiten voll und kostet nichts.

Also, das Publikum wird aufgefordert: »Schreiben Sie uns Ihre Titelvorschläge.« Das war's auch schon, aber es war eben schon alles. Kennwort: »Humor ist Trumpf, wenn man immer wieder lacht.« Ah, das war auch schon. Der Gewinner erhält 5.000 Mark, er darf in einer Sendung auftreten und einen Witz erzählen. Das ist immer noch billiger wie ein Schlagersänger, aber der Sänger tritt auch auf, später, als Höhepunkt.

»Guten Abend, heut Abend.« Nein. »Gut Nacht, heut Abend.« Nein. Oder was Neckisches: »Pumpi und Pippi.« »Wenn der Toni mit der Vroni.« »München wie es weint und lacht.«

Bei der Erfindung des Titels wird sehr viel gelacht. Überhaupt wird bei der Vorbereitung zu einer Sendung viel mehr gelacht als während oder nachher. Nach drei Stunden trennen sich alle, optimistisch: Wir machen die Show aller Shows.

Um den Titel braucht man sich jetzt keine Sorgen mehr zu machen, der steht. Als nächstes wird der sogenannte »rote Faden« gesucht, der den ganzen Schmarrn zusammenhält. Die Spinner solcher roter Fäden sind seit Jahren die gleichen und folglich auch die roten Fäden.

Zum Beispiel: Ein Orchester macht eine Tournee und erlebt da allerlei Lustiges. Das kann variiert werden mit allen möglichen Sängerinnen, Popgruppen oder Artisten. Oder überhaupt: Lustige Leut machen eine lustige Tournee und erleben allerlei Lustiges.

Ein anderer beliebter roter Faden: Es soll eine Sendung im Studio ablaufen, sie wird aber ständig durch komische Zwischenfälle gestört. Die Dekoration fällt um, die Kamera explodiert, Feuerwehr spritzt mit Schaum (sehr beliebt). Jemand tritt oder fällt oder setzt sich in Torten oder Eier (zur Zeit etwas altmodisch, es wird aber noch gelacht). Oder die Studiodecke bricht herunter und begräbt die Sängerin. Das kann jetzt sehr preisgünstig mit Styropor geliefert werden.

Diese komischen Unfälle nennt man Gags. Sie werden einzeln, stückweise gehandelt. Preis je nach Qualität. Oder sie werden auch geklaut. Hemmungslos, Patentschutz gibt's da nicht. In Amerika sind sogenannte Gag-Schreiber hochbezahlte Leute. Müssen sie auch, denn den ganzen Tag über Lustiges nachdenken ist nicht leicht, denn ein Gag muß lustig sein.

Ein weiterer roter Faden ist das Publikum im Studio. Wenn die Leut wüßten, wie wichtig sie sind, sie würden Geld verlangen. Immer, wenn's nicht weitergeht, müssen sie applaudieren. Einer fängt an, der ist dafür zuständig. Und der Schwenk über die applaudierenden Leute ist dann der rote Faden.

Aus Amerika wurde auch die Crazy-Show übernommen. Das ist der absolute Gipfel der Fröhlichkeit. Die Darsteller haben alle einen Dachschaden, total vertrottelt, Sprachfehler, kurzsichtig . . . Sie müssen sehr dick, dünn, kurz oder lang sein. Die Damen sexy, aber blöd. Kinder mit Sommersprossen, Haustiere aller Art werden auch gern eingesetzt. Eine kleine Geschichte hält die ganze Idiotie zusammen. Publikum kann man dazu im Studio nicht brauchen, der Applaus und die Lacher kommen vom Tonband. Die Schauplätze liegen oft im Ausland oder in Übersee. Die Hersteller dieses Humors möchten doch ein bißl was von der Welt sehen.

Bei der sogenannten Personality-Show ist die Person, um die es geht, schon der rote Faden. Von Vorteil ist, wenn die prominente Person ein bißl singen kann, weil Singen bringt Zeit. Ein Song drei Minuten, dann zwei Minuten Applaus. Sind schon fünf. Fünf Songs machen 25 Minuten, dazu Ballett zehn Minuten, haben wir schon 35 Minuten. Und die restlichen zehn Minuten plaudert der Prominente mit Freunden, die ganz zufällig die Treppe runterkommen, und ganz erstaunt sind, daß sie den Prominenten treffen, obwohl dies tagelang probiert wurde. Natürlich sind die Freunde von Prominenten auch prominent. Nur eine ganz einfache Frau ist dabei. Das zeigt Volksverbundenheit. Die einfache Frau sollte möglichst lange weinen vor Wiedersehensfreude, da vergeht die Zeit. Der Schirm muß flimmern.

Dann gibt es Spiele mit dem Publikum. In möglichst kurzer Zeit sollen Kandidaten möglichst oft was Falsches machen. Da plagen sich die Kandidaten, all den verlangten Blödsinn richtig zu machen, und ahnen nicht, daß natürlich erwartet wird, daß es falsch ist. Denn darin steckt der Witz. Die Kandidaten sollen sich blamieren, damit der Zuschauer was zu lachen hat.

Apropos Witz: Nach dem Brockhaus ist Witz ein harmloser kleiner Streich, Spaß oder Scherz. Die Bedeutung des Wortes hat sich ziemlich verändert. Noch im 18. Jhd. bedeutete Witz Verstand und Geist.

Und jetzt schauen wir noch unter Humor: Mit Ernst verbundene Heiterkeit, Frohstimmung, gute Laune. Also, Witz kann man herstellen, den kann sich jemand ausdenken. Das ist eine reine Fleißaufgabe. Aber Frohstimmung, Heiterkeit und gute Laune ist die Folge von Zufriedenheit – oder Menschlichkeit.

06e

In den Medien laufen Witz und Humor unter »Unterhaltung«, und die Wissenschaftler haben sich auch dieses Begriffes angenommen. Da wird untersucht, was Unterhaltung ist. Und darüber streiten sich die Gelehrten: Eine Gruppe meint – natürlich komplizierter ausgedrückt: Unterhaltung sei sowas wie Schlagrahm, Zuckerwatte, Pralinen, türkischer Honig, also Naschwerk, das dick macht, Karies verursacht und den Appetit verdirbt. Gemeint ist, daß den Menschen eine süße heile Welt vorgegaukelt wird, die sie daran hindert, über den Ernst des Lebens nachzudenken.

Andere sehen Unterhaltung als Transportmittel für alle möglichen Meinungen und Interessengruppen. Für politische Parteien, die Wirtschaft, die Kirchen, Bauern . . . Ich bitte jetzt schon um Entschuldigung, wenn ich eine Gruppe nicht genannt habe, oder auch genannt habe – das beste ist, man entschuldigt sich möglichst immer vorher schon bei allen.

Manche Gelehrte sagen, alles was Massenmedien verbreiten, wäre Unterhaltung. Soweit es sich nicht um Information handelt. Aber auch die Information hätte zu unterhalten. Darum passiert es immer wieder, daß z.B. Fernsehansager bei der Arbeit lächeln. Sie versuchen, das unter einen Hut zu bringen. Lächeln – lachen darf er nicht, das wäre schon eine persönliche Stellungnahme. Nein, lächelnd berichtet er über den Bonner Alltag. Bei außen- und weltpolitischen Ereignissen wird die Mimik neutral. Bei Nachrichten aus dem Ostblock etwas süffisant. Für Neuigkeiten aus Kunst und Gesellschaft setzt er wieder sein feines Lächeln auf. Wirtschaft muß seit Einsetzen der Wirtschaftskrise ernst gelesen werden.

Da passiert es natürlich gelegentlich, daß einer die Mimik zu spät wechselt. Lächelnd nimmt der Sprecher das Blatt hoch, beginnt zu lesen und merkt erst dann, daß er eine Katastrophenmeldung bringt. Je nach Routine des Ansagers geht die Mimik dann in den Katastrophen-Ausdruck über. So gesehen haben Nachrichten auch einen Unterhaltungswert.

Daß politische Diskussionen, Interviews, Kommentare zur Unterhaltung gezählt werden können, liegt auf der Hand. Der Zuhörer kann sich ärgern oder freuen oder schadenfreuen, und Freude unterhält bekanntlich. Und ein Bayer unterhält sich sogar beim Ärgern.

Immer noch beliebt sind Sendungen, die dem Zuschauer oder Hörer vorspielen, wie er ist oder sein möchte. Meistens sind es Serien. In dieser Sparte habe ich auch Erfahrung gesammelt. Die Figuren solcher Sendungen sind maßgeschneidert und werden wie ein

Anzug bestellt: Also, mit dem Sedlmayr wollen wir wieder mal eine Serie drehen. Eine Familie, der Vater ist von Beruf . . . Was war er denn schon alles? Bauer, Lebensmittel-händler, Buchdrucker, Polizeibeamter, Angestellter, da wird die Auswahl schon schwierig. Taxifahrer geht nicht, der kann doch nicht autofahren, und der lernt das auch nicht.

Der Vater muß jedenfalls einen Beruf haben, in dem er mit Leuten zusammen-kommt. Ein Leuchtturmwärter würde sich nicht eignen, weil aus Möwen, Meer und Leuchtturm kann man ja keine Serie machen. Eine Mutter ist in der Serie immer die Mamma, Kinder meistens zwei, ein braves und ein schwieriges. Man braucht auch Pro-bleme. Allerdings müssen die Probleme in jeder Folge gelöst und gemeistert werden, außerdem noch jugendfrei sein – es schauen ja Kinder zu. Für die Kinder muß unsere Fernsehwelt in Ordnung sein.

Als Seriendarsteller hat man eine Riesenverantwortung. Viele Kleinigkeiten müssen bedacht werden. Im Spiel eine Zigarette anzünden bringt nach einer Untersuchung Tausende dazu, auch zu rauchen. Mit dem Trinken ist es genauso. Wie es mit anderen Tätigkeiten steht, die auch im Familienleben vorkommen, darüber gibt es keine Unter-suchungen.

Wenn man für's Fernsehen arbeitet, darf man sich ja nicht vorstellen, wie es bei den Zuschauerfamilien zugeht, während man über den Bildschirm flimmert:

Vater: »Schalt um, jetzt kommt der Schmarrn wieder.«

Mutter: »Was für a Schmarrn, Papa?«

Vater: »Der Schmarrn mit dem Dings –«

Tochter: »Den mog i net.«

Mutter: »Ich mag ihn schon.« (Sie sagt des auch nur, weil sie den Papa ärgern möcht. Während dieser Zeit läuft eine Szene, an der man einen Tag hingearbeitet hat, sich über-legt hat, ob man erst klopft und dann die Tür aufmacht, ob man Grüß Gott oder Guten Tag sagt, den Hut abnimmt oder aufläßt – und der Zuschauer debattiert noch, ob er umschaltet oder ob man weiterflimmern darf.)

Tochter: »Mei is der dick.«

Vater: »Der soll amoi joggen, dem geht's zu gut, mit unsere Gebühren. Schalt um.«

Mutter: »Na, bleib sitzen, sonst werd's Essen kalt. Was hat er gesagt?«

Tochter: »Den versteh i net mit seim Bayrisch.«

Vater: »Der kann gar net anders.«

Mutter: »Also des auswendiglernen, ich könnt mir des nicht merken.«

Tochter: »Und was mir in der Schule lernen, da sagt kein Mensch was. Und wir kriegen keine Kohle dafür.«

Mutter: »Der ist genau wie du! Du läßt mich auch nie ausreden. Du bist genau wie der.«

Und jetzt folgt eine längere Debatte, wer wen nicht ausreden läßt, und wer ist schuld? Ich. Ich hab mir die Szene ausgedacht, in der ich meine Frau nicht ausreden laß.

Zuschauer nehmen das Verhalten in einer Rolle manchmal ganz persönlich. Drum spielen Kollegen, die ein gutes Verhältnis mit dem Publikum haben, ungern Mörder oder unsympathische Figuren. Dabei spielen sich die schönsten auch am leichtesten. In einem Krimi ist der Täter die gute Rolle, nicht der Kommissar. Ein Kommissar hat außerdem den Nachteil, daß er immer wieder um Rat und Hilfe angegangen wird. Was glauben Sie, wer bei mir schon alles angezeigt worden ist. Die Frau Gmeinwieser aus der Serie »Polizeiinspektion I« gibts in Wirklichkeit mehrmals.

Mit Serien wird man hier nicht reich. In Amerika kann man sich nach einer mindestens eine Insel kaufen. Aber dafür wird man hier populär – sagen Produzenten, damit sie weniger zahlen müssen. Aber über Geld reden, ist bei Künstlern was Unfeines. Man spricht nicht drüber. So sind wahrscheinlich die Legenden über die hohen Gagen entstanden. Sie halten sich hartnäckig. Aber ganz umsonst mach' ma's ja auch net. Der Beruf hat eine ganze Reihe schöner Seiten. Man trifft immer wieder neue, interessante Leute, kommt in der Welt rum.

Eine Warnung bei dieser Gelegenheit: Wenn es bei Ihnen einmal läutet und ein netter, freundlicher Herr steht vor der Tür, der sagt: »Grüß Gott, ich bin vom Fernsehen. Wir würden gerne in Ihrer Wohnung drehen.« – lassen Sie ihn ja nicht rein. Heute dreht man nämlich realistische Szenen, die in Wohnungen, Villen usw. spielen, nicht mehr in gebauter Dekoration, sondern original. Dazu sucht man solche Wohnungen. Dann kommt der vorher erwähnte Herr und verspricht Ihnen erstmal Geld, versteht sich, dann die Aussicht, daß Ihre Wohnung gefilmt wird und damit in die Unsterblichkeit eingeht. Daß da nur ein paar Leute mit ein paar Lampen für ein paar Minuten kommen. Und nur eine kleine Ecke der Wohnung brauchen. Und daß Sie völlig ungestört bleiben.

Lassen Sie sich das sofort schriftlich geben, denn sonst passiert es, daß in der Frühe um sieben Uhr mehrere Lastautos vorfahren, fünf bis zehn Mann Lampen, Kabel, Stative, Kisten und Möbel ausladen.

Ein Herr, der schon nicht mehr so freundlich ist, erklärt Ihnen, daß man doch ein paar Lampen bräuchte, weil ihre Wohnung viel zu dunkel wäre, und wo die Steckdosen wären. Dann müssen Ihre Möbel aus dem Wohnzimmer, weil der Film andere braucht. Dann müssen die vom Film ganz kurz in die Küche, denn sie haben noch nicht gefrühstückt. Dann kommen die Schauspieler. Könnten Sie ein Eckchen im Schlafzimmer freimachen, um die Schauspieler dort zu schminken. Dann müßte jemand schnell ins Bad, um den Fön anzustecken. Inzwischen werden die Fenster schwarz vernagelt, da die Szene bei Nacht spielt. Es sind jetzt ca. zwanzig Leute in der Wohnung. Im Kinderzimmer findet die Regiebesprechung statt, im Bett der Hausfrau liegt der Hauptdarsteller, der Ruhe vor der Aufnahme braucht. Im Bad trocknet seine Filmfrau unter der Haube. Zum Glück hat die Wohnung noch ein zweites Wohnzimmer, da sitzen die Inhaber, aber nicht lang, denn jetzt kommen fünf Verwandte mit Kindern, denen sie unvorsichtigerweise von der Filmerei erzählt haben. Die mischen sich unter die geschäftigen Filmleute. In das andere Wohnzimmer können Sie auch nicht mehr, das wurde inzwischen Büro. Die Frau des Hauptdarstellers zieht sich in der Speisekammer um und wird dann im Klo frisiert.

Jetzt muß die Diele freigemacht werden, denn in der ersten Szene kommt jemand zur Wohnungstür herein, schlägt sie zu, weil er betrunken ist, geht dann in die Küche, die muß nun also auch freigemacht werden, öffnet den Kühlschrank und sucht was zum Trinken. Der Darsteller probiert, Wohnungstür aufsperren, er schlägt die Tür zu, daß das Haus bebt – es ist ja nicht sein Haus – er geht in die Küche und will weiter probieren. Dahin haben sich aber die schon etwas verstörten Mieter mit der Verwandtschaft geflüchtet. Ihnen wird gesagt, daß sie da im Bild stören, sie sollen doch solange auf den Balkon, der trägt aber nur vier Leute. Sie gehen brav ins Schlafzimmer und setzen sich, entschuldigend, in ein Bett. Im anderen ruht die frisierte Hauptdarstellerin, damit sie frisch bleibt.

Aufnahme: Wohnungstür aufschließen, zuschlagen, der erste Putz fällt in die Küche, Kühlschrank auf, was zu Trinken suchen – halt, Aufnahme aus. Zu dunkel. In den Kühlschrank muß ein Licht, das wird montiert, wieder Aufnahme. Der Darsteller irrt sich jetzt und wirft statt der Wohnungstür die Küchentür zu, die Glasscheibe fällt raus – halt, Aufnahme aus. Neugierig kommen die Wohnungsinhaber nebst Verwandtschaft. Das Glas wird natürlich bezahlt. Sie sind glücklich und schämen sich fast, daß die Scheibe rausgefallen ist. Sie setzen sich wieder ins Bett und horchen, ob noch was bricht.

Die erste Szene steht, nächste. Der Schauspieler kommt jetzt betrunken ins Schlafzimmer, im Bett liegt weinend seine Frau. Das wird probiert, mit Wohnungsinhaber und Verwandtschaft. Die lachen jetzt wieder, weil das so komisch ist. Auch für den Schauspieler ist die Situation nicht unkomisch, denn erst jetzt im Bett lernt er seine Kollegin kennen. Gestatten Sie, mein Name ist Sedlmayr, wir zwei haben noch nie Mann und Frau gespielt. Die Mieter wundern sich und verlassen diskret ihr Schlafzimmer. Sie stehen jetzt alle im Klo, die Regieassistentin hat sie da hineingestellt. Sie haben sich aber vorsichtshalber belegte Brote gemacht. Aber nach einer Stunde dürfen sie schon wieder raus, die Sache im Schlafzimmer ist schnell gegangen. Dann ist Mittagspause.

Dazu gibt's Leberkäs mit Semmeln, weil's die Firma bezahlt. Am Abend braucht es dann allerdings etwas Besseres – vielleicht ein Ragout fin. Neulich hab ich in einem Lokal ein paar Löfferl in einer Muschelschale serviert gekriegt. Das war so teuer, daß ich mir einen Hafen voll selber gemacht hab, nach einem alten Rezept.

Ragoutfin

Kaufen Sie 500 Gramm Kalbfleisch, vielleicht haben Sie das Glück,
daß Sie ein Kalb kriegen, das noch keine Kuh ist. Zwiebel, Lorbeerblatt, vier Gewürznelken, Suppenkraut, Pfefferkörner, Salz. Zum
Fleisch kaufen Sie noch 250 Gramm Kalbsmilch. So, jetzt fangen
wir einmal das Kochen an.

Das Kalbfleisch, eine geschälte Zwiebel, Lorbeerblatt, Nelken,
Suppenkraut, Pfefferkörner und Salz geben Sie in ungefähr einen
Liter kochendes Wasser. Da soll's einmal eine Stunde kochen. In
der Zwischenzeit waschen Sie die Kalbsmilch und geben die die
letzte Viertelstunde zum Fleisch dazu. Nach 1 1/4 Stunden das
Fleisch aus der Brühe nehmen, etwas abkühlen lassen und in kleine
Würfel schneiden.

So ungefähr 50 Gramm Butter zerlaufen lassen und das Mehl dazu
rühren und nach und nach mit einem halben Liter der Fleischbrühe
aufgießen. Die Fleischbrühe durchsieben. Die Soße aufkochen,
dann so ungefähr 150 Gramm tiefgekühlte Erbsen dazu geben und
ein Viertelpfund möglichst kleine Champignons, aber frische,
nicht aus der Büchse. Die Soße noch abschmecken, mit Zitrone.
Die Soße vom Feuer nehmen, ein Eigelb oder zwei mit einem kleinen Glas Weißwein schlagen und in die nicht mehr kochende Soße
rühren und jetzt erst die geschnittenen Fleischwürfel dazu und
nach Geschmack mit Worcestershire-Soße abschmecken. Die
Masse können Sie in kleinen feuerfesten Haferln überbacken oder
in Blätterteigformen füllen, oder auf dem Teller servieren mit Käse-
gebäck.

So ähnlich läuft manchmal ein Drehtag für eine Serie. Sendezeit 25 Minuten, Arbeitszeit: Der Autor des Buches schreibt zwischen drei Tagen und drei Wochen hin, Drehzeit 5 Arbeitstage, dann Schnitt und Fertigstellung des Films nochmals ca. 3 Wochen insgesamt. Arbeitsstunden ca. 6.300 für 25 Minuten Fernsehen. Dann läuft das irgendwann, zwischen Zahnpasta und Weichspüler, und Sie schalten gerade an diesem Tag auf einen anderen Kanal oder gehen spazieren. Aber ich kann davon gar nicht abraten, wenn ich so das Programm verfolge.

Übrigens, vor 1900 wurden keine Spielfilme gedreht, es können also auch keine Wiederholungen kommen. Es ist aber möglich, daß man uns damit nur ins Freie hinauszwingen möchte. Aber Vorsicht, das Spazierengehen, wenn's einer professionell und ernst nimmt, wird jetzt auch recht mühsam: Erst muß man sich völlig neu einkleiden. Für Stadtspaziergänge Spezialschuhe, Dress im Familylook, Regen-Vorsorgedress, Foto- und Filmausrüstung, Walkie-Talkie, Radio, Kassetten, Kassettenrekorder in Stereo mit Babykopfhörer, Hund mit Spezialleine.

Für Wanderungen über Land braucht's wieder eine ganz andere, ganz spezielle Ausrüstung. Wer sich den Luxus einer Brotzeit leistet, braucht den transportablen Wandergrill mit Löschgerät, dann Wanderliteratur, Spezialkochbücher für das Grillen im Freien. Wer's nicht mag, für den habe ich noch ein ganz einfaches Grillrezept aus meiner Lausbubenzeit: Man suche einen freien Platz, an dem nichts anbrennen kann und sammle sechs große Steine. Gewissenhafte Spaziergänger können aber auch von zu Hause Ziegelsteine mitbringen. Steine im Kreis legen, aus Reisig und Holz einen kleinen Haufen machen. Wem das Holzsammeln zu umständlich ist, kann Bündelholz von zu Hause mitbringen. Ein paar grüne Zweige abschneiden, oben die Rinde weg und Regensburger, Zwiebelscheiben, Speck und Tomaten aufspießen und schnell braten. Tannenzapfen geben noch einen besseren Geschmack. Aber wenn keine Tannenzapfen rumliegen, nicht gleich einen Baum fällen, es geht auch ohne. Die Reste verbrennen, das Feuerlöschen, ja das haben wir einfach so gemacht wie das Brunnenbuberl am Karlstor.

Für Stadtspaziergänger, die schon überall waren und alles kennen, empfehle ich im Sommer einen Sonntag in der Stadt ab fünf Uhr früh. Man lernt eine völlig neue Stadt kennen. Leer. Ein einzelner Radfahrer in der Ludwigstraße, und hinter dem Rathaus hört man die Penner schnarchen, am Marienplatz zwitschern die Schwalben. Über den Viktualienmarkt eilen ein paar schwarze Frauen in die Heilig-Geist-Kirche zur Frühmesse. Sonntagfrüh hat die Großstadt einen ganz eigenen Reiz. Optisch, akustisch, und sie riecht sogar anders.

Und nicht den Fehler machen, nur das Historische, das Schöne, die romantische Idylle zu suchen. Die Straßen stehen halt voller Autos und Zivilisationsmüll. Das alles haben wir uns selber gemacht, jetzt müssen wir damit leben. Ich meine auch, daß es falsch ist, mit klassischer Musik aus dem Kopfhörer durch die Stadt zu wandern und die gute alte Zeit im kurfürstlichen Bayern zu suchen. Keine alte Zeit war gut, unsere 1500 Jahre lange Geschichte ist eine Kette von Kriegen und Not. Dazwischen kurze Zeiten des Aufbauens, der Erholung, des Friedens. Zusammengehalten wird diese Kette von der Fähigkeit des Menschen zu glauben, zu lieben und zu hoffen. Das meine ich jetzt nicht als ein Wort zum Sonntag, sondern ganz praktisch.

IX. Einmal Israel und zurück und kein gescheites Rezept

Unsereins lebt davon, daß ihn möglichst viele anschauen. Einschaltquote nennt man das. Die wird von jeder Fernsehsendung ermittelt. Ein kompliziertes Verfahren, ich kenn' mich da nicht aus. Zuschauer werden gefragt, ob sie eingeschaltet haben, wenn nicht, warum nicht, oder ob sie während der Sendung umgeschaltet haben, was noch schlimmer ist. Abwanderung nennt man das.

So versucht man gleich zu Beginn einer Sendung, den sogenannten Anreißer zu bringen, damit die Leute eben nicht abwandern zum anderen Kanal. Zurückwanderer sind selten, außer man hat Glück, daß im andern Programm auch ein Schmarrn läuft. Sogenannte Anreißer sind beim Krimi eine rasende Autofahrt, Verfolgung, vielleicht auch gleich eine Leiche oder mehrere. Oder Tanz, ein Strip oder gleich ganz ohne, ohne viel Umständ. Oder eine Erklärung. Da sollt' man aber vorsichtig sein und gleich nachschau'n, was der andere Kanal bietet.

Beim Bücherschreiben ist das leichter. Da könnten Sie den Band jetzt ruhig weglegen – also, ich mein' dies nur beispielsweise – das tät ich nie erfahren. Da müssen S' schon beim Verlag anrufen oder schreiben, also 20 oder 80 Pfennig ausgeben. Das ist's ja wirklich net wert. Wenn man da jedesmal anrufen tät' oder schreiben. Das wär' ja teurer als das ganze Buch. Wenn die Kritik nicht wäre, täten wir's also kaum erfahren ... Aber gegen die Kritiker habe ich ja schon losgezogen, jetzt san s' vielleicht beleidigt und schreiben zur Strafe nichts mehr. Das wär' aber auch wieder net recht.

Aber jetzt werde ich von meiner Filmreise nach Israel erzählen. Ich war zum ersten Mal dort. Als ich ein Bub war, hat mir der Vater einmal eine Pilgerreise dorthin versprochen. Damals hat's noch »Heiliges Land« geheißen. Die Welt war noch klein und schien in Ordnung, für den Buben jedenfalls. In seiner Vorstellung war das Heilige Land so ähnlich wie die Weihnachtskrippen im Nationalmuseum oder das große Panorama in Altötting. Aus der Pilgerreise wurde damals nichts, der Krieg ist dazwischen gekommen.

Aber, wenn man es derwarten kann, wie wir Bayern sagen, kommt man doch noch ins Heilige Land, das inzwischen Israel heißt. Mit einer gewissen Bibelvorstellung fährt man aber noch hin. Und mit Angst: Wie wird man aufgenommen als Deutscher. Geliebt werden wir wohl nicht in Israel, das wär' auch ein bisserl zu viel verlangt. Die Reiseprospekte schildern ein sonniges Urlaubsland mit Badestrand, Wüsten-Abenteuer, heiligen Stätten. Über's Essen, da ist weniger zu sagen.

Der Tourist kann ohne große Mühe der jüngeren Geschichte ausweichen, sich dafür um so ausführlicher die Paläste und Bäder von König Salomon anschauen. Er muß nicht nachdenken über die jüngere Vergangenheit, wenn er nicht will oder kann. Doch für das Visum hat man einen Fragebogen ausgefüllt, ob man ein sogenannter Belasteter war. »Waren Sie Mitglied einer Nazi-Organisation?« wird gefragt. »Sind Sie von einer Spruchkammer eingestuft?«

Man ärgert sich über die Fragen, man fühlt sich verdächtigt, angeschuldigt. Man war nicht, nein. Na ja, gewußt hat man einiges. Was hätte man tun sollen? Man hat eben Angst gehabt . . . Darüber denkt man nach.

Das Visum trifft ein mit einer Broschüre: »Israel im Profil«. Man liest noch zehn verschiedene Reiseführer. Der Film wird immer schwieriger. Freunde und Bekannte meinen: »Du machst doch immer so boshafte Bemerkungen über ein Land oder sagst, wenn dir was nicht gefällt. Das geht in Israel nicht.«

Ich nehme mir vor, daß mir alles gefällt – oder sollte ich lieber doch keinen Film über Israel machen? Vielleicht besser was Leichteres: »1 x Moosach und zurück«. Aber das interessiert halt auch nur die, die Moosach kennen.

Der Drang der Deutschen in die Ferne ist gigantisch. In jedem abgelegenen Winkel der Welt trifft man uns. Man braucht uns nicht zu hören, um uns zu erkennen: Korrekt gekleidet, teuer, sportlich, schick, viele Reiseführer und Karten in der Hand und mit einem strengen, prüfenden Gesichtsausdruck. Lächelt die Mona Lisa wirklich so rätselhaft? Ich hab' mich einmal ein paar Stunden in den Louvre gestellt und die Leut' beim Anblick der Mona Lisa beobachtet. Fast nur enttäuschte Gesichter. Erstens ist das Bild viel kleiner als man denkt. Zweitens wäre das Lächeln, wenn es nicht von Leonardo da Vinci wäre, ausgesprochen g'schmerzt und drittens, so schön is' a wieder net.

Auch in Ägypten habe ich viel Enttäuschte gesehn. Stimmt das Maß der Cheopspyramide noch? 227,50 Meter breit. Höhe 137 Meter. Seitenhöhe 137, Neigungswinkel 51/52 Grad. Warum liegen da unten so viele Steine rum, die oben fehlen. Und die Plastikbecher und Zigarettenkippen. Die Sphinx haben wir uns auch geheimnisvoller vorgestellt und nicht so beschädigt. Gut, daß die Kameltreiber wenigstens Deutsch können. Die können das aber schon seit Kaiser Wilhelm.

Reisen war im letzten Jahrhundert vielleicht beschwerlicher, aber viel interessanter. Zum ersten Mal einen Bazar riechen, Rosenöl, Moschus, türkischen Kaffee – in Griechenland darf man aber, wenn man einen Türkischen möchte, nur einen Griechischen bestellen. Überrascht hat mich, daß es in Israel einen arabischen Kaffee gegeben hat: Er schmeckt wie der türkische.

Aber jeden Geruch und jeden Geschmack kennen wir schon vom Kaufhaus her. Es gibt kaum mehr Unentdecktes und Geheimnisvolles. Auf der Reise wollte ich in einem Beduinenzelt drehen. Ich hab' mir das ungeheuer schwierig vorgestellt – das Frauenzelt darf kein Fremder betreten, habe ich gelesen. Die Wirklichkeit war so:

Auf dem Beduinenmarkt in Ber Sheba habe ich einen Händler kennengelernt, der für Münchner Boutiquen arabische Kleider und Blusen aufkauft. Auch Beduinenfrauen haben die Kunstfaser entdeckt. Sie kleiden sich pflegeleicht und verscherbeln ihre alten Trachten.

Ich habe ihm gesagt, daß ich zum Filmen einen Scheich mit Familie suche. Wir haben uns geeinigt auf die Familie eines kleinen Scheichs, mit drei Frauen, zwei Schwiegermüttern, vier Tanten und 22 Kindern. Kostenpunkt: 300 Dollar für einen halben Tag.

Ich erzähl' das nur, damit Sie wissen, wo Ihre Fernsehgebühren hinkommen. Umsonst geht da nichts mehr. Das japanische Fernsehen hat die Preise verdorben. Wo man hinkommt, waren die Japaner schon da. Umsonst sind im Fernsehen eigentlich nur mehr Politiker. Drum sehn wir sie so oft. Und wenn nicht bald eine Gebührenerhöhung kommt, werden wir nur mehr Politiker sehen.

Unser Beduinenscheich hat halbtags auf dem Flugplatz gearbeitet. Die drei Frauen trugen Bluejeans, die 22 Kinder auch, zum größten Teil wenigstens. Für die Kamera haben sie sich kostümiert wie ein Trachtenverein. Aber im Film schauen sie so echt aus wie im Kino.

So frisiert man viel bei einem Reisefilm, man zeigt die Welt, wie man sie sich wünscht. Oder sollen wir sie so filmen, wie sie ist, als Parkplatz und Müllhalde? Was glauben Sie, was ein Tontechniker heute für Mühe hat, eine stille Landschaft aufzunehmen. Was nützen die schönsten Bilder, wenn man den Ton drunterlegt, der da wirklich ist, zum Beispiel den infernalischen Krach von einem Düsenjäger. Der ist nämlich im Negev den ganzen Tag über zu hören. Und für diese »Wüstenstille« ist der Tontechniker 2 Kilometer bei 40 Grad gewandert. Zum Glück haben wir im Archiv was gefunden: Grille bei Freising. Die hab' ich dann für die Wüste genommen, obwohl es da keine Grillen gibt. Aber eine Wüste völlig ohne Geräusche geht auch nicht. Da meint der Zuschauer, es wär' Tonstörung. Unsere Generation ist dabei, nicht nur Tiere, Bäume, Pflanzen auszurotten, sondern auch Geräusche, Töne und Düfte. Man wird den Kindern einmal als Märchen erzählen müssen, wie eine Grille zirpt und ein Frosch quakt.

Dieses Zirpen kann man natürlich längst elektronisch nachmachen. Fast alles kann man künstlich machen, was kaputt geht oder schon kaputt ist. Disney-World war diesbezüglich ein entscheidendes Erlebnis für mich. Bei meiner Amerika-Reise habe ich dort natürlich gefilmt. Lange Verhandlungen mit der Presseabteilung. Ein Betreuer geht mit, zeigt genau den Standpunkt, wo die Kamera zu stehen hat. Jetzt wollt' ich aber von hinten zeigen, wie das Schneewittchen rauskommt, wie dies alles technisch gemacht wird. Daß die Zwerge nacheinander kommen. Ich wollte eben das Märchenland hinter den Kulissen sehen. Unmöglich! Wurde nicht erlaubt. Die Illusion, das schöne Märchen zerstören, nein, das geht nicht.

Es hat dann angefangen zu regnen, und ich war glücklich, denn dann hätt' das alles wenigstens nicht mehr so neu und unnatürlich ausgeschaut. Aber der Aufpasser hat das Filmen verboten: In Disney-World gibt es keinen Regen. Wie im Film, da regnet's auch nicht. Nicht echt wenigstens. Denn beim echten Regen kann man nicht filmen, weil's zu dunkel ist. Aber vielleicht erfinden die Japaner was.

Wenn man Regenszenen dreht, findet das bei Sonnenschein statt, und den Regen spritzt die Feuerwehr. Im Film ist alles Illusion, außer die Herstellung dieser Illusion, die ist Arbeit. Und es geht ganz realistisch zu. Es ist auch eine Legende, daß Filmleut' besonders spinnerte Traumtänzer sind.

So, aber jetzt endlich nach Jerusalem. Nein – ich steh' immer noch in Riem und wart' auf die Abfertigung. Mindestens zwei Stunden vor dem Abflug muß man da sein. Einchecken nennt man diese totale Entmündigung der Reisenden. Abgetastet, durchleuchtet und gestempelt sitzt man dann und wartet auf den erlösenden Aufruf. Am Flugzeug angekommen, glaubt man, den halben Weg nach Jerusalem zu Fuß zurückgelegt zu haben. Der Sitz im Flugzeug war so unbequem, daß ich lieber stehend geflogen wäre, aber das ist nicht erlaubt, vielleicht in der ersten Klasse. Allmählich beruhigt man sich und überlegt, ob man sich von der Luftdüse eine Neuralgie holen soll, oder doch lieber schwitzen. Man entscheidet sich für's Schwitzen, weil das nicht so weh tut.

Eine Dame neben mir packt zum fünften Mal ihr Handgepäck aus und sucht ein Buch. Am Fenster läßt sich eine dicke Fliege nieder. Eine Fliege, die gern fliegt. Täglich zweimal München – Tel Aviv und zurück. Die Dame neben mir regt sich über die Fliege auf, unhygienisch, wie kommt die überhaupt in ein Flugzeug. Die Fliege sucht sich einen anderen Platz, wo sich niemand aufregt. Die Dame legt das Buch weg, das sie so lange gesucht hat, weil sie Angst kriegt, denn das Flugzeug startet. Sinnlos hält man sich an den Armstützen fest und horcht. Wieder einmal gut gegangen. Schnell entschwindet München.

In Tel Aviv sind wir an einem Samstag angekommen, am jüdischen Sabbat. Er wird viel strenger als Ruhetag gehalten als unser Sonntag. Keine körperliche Arbeit, für Religiöse fährt kein Auto, kein Fahrstuhl, kein Flugzeug. Darum landet man nur inoffiziell. Denn offiziell findet am Sabbat kein Flugverkehr statt.

Auch die internationalen Gäste haben sich dem Sabbat zu unterwerfen. Mir hat, Allah sei Dank, ein mohammedanischer Gepäckträger geholfen. Der hat am Freitag Sonntag, und ein christlicher Taxifahrer hat uns zum Hotel gebracht, der hat am Sonntag Sonntag.

Auch im Hotel kommt man nur halboffiziell an. In einem Nebenraum füllt man den Meldezettel aus – Schreiben ist Arbeit. Man schleppt seinen Koffer zum Fahrstuhl, weil nur ein arabischer Gepäckträger die vielen Christen bedienen kann. Gott sei Dank fährt der Fahrstuhl. Er ist so eingerichtet, daß er automatisch in jeder Etage hält. Der Fahrstuhl dürfte schon arbeiten, nur der Mensch nicht. Auf den Knopf drücken ist Arbeit. Am Sabbat in Israel anzureisen, hat etwas von der Beschwerlichkeit einer mittelalterlichen Pilgerreise ins Heilige Land.

Für Jerusalem empfehle ich, mehrere Reiseführer zu kaufen. Einen christlichen, einen jüdischen, einen arabischen, einen kunsthistorischen, einen nur-historischen, einen archäologischen, und glauben soll man jedem wenig. Einem einheimischen Führer, der geheimnisvoll verspricht, die wahren Stätten des Wirkens von Jesus Christus zu zeigen, darf man allerdings gar nichts glauben. Ich war in zwei vollständig eingerichteten Zimmermannswerkstätten vom heiligen Josef, hab' drei Geburtszimmer Mariä besucht. Den Ort des Abendmahls gibt es auch mehrmals. Man weiß, was man dem Religionstourismus schuldig ist. Da helfen alle Religionen zusammen, wenn's um's G'schäft geht.

Die Stadtverwaltung hat bei den Straßenarbeiten an der Via Dolorosa Steine entdeckt, die noch aus der Zeit Christi stammen. Sie wurden noch rechtzeitig zur Karfrei-

tagsprozession freigelegt. Archäologen behaupten aber wiederum, daß die Via Dolorosa überhaupt nicht der historische Kreuzweg wäre. Ein frommer Weiser hat mir erklärt, es wär' im Grunde völlig gleich, ob die Steine aus der Zeit stammten oder nicht, sie seien nur Symbole für den, der nicht das große Glück habe, zu glauben.

Es gibt beliebte Prominentenumfragen von Zeitungen, meist am Jahresende. Da taucht immer wieder die Frage auf: »Welches Buch würden Sie als einziges auf eine einsame Insel mitnehmen?« Sehr häufig ist die Antwort: »Die Bibel.«

Vielleicht hätte man dann die Zeit, die Bibel zu lesen, ganz. Eine Reise ins Heilige Land nach der Bibel empfehle ich aber nicht. Die Archäologen bringen zwar immer wieder neue Beweise ans Licht, die schaffen aber auch neue Probleme und stellen Überliefertes in Frage. Nazareth, zum Beispiel. Ich hab' noch im Religionsunterricht gelernt, da habe die heilige Familie gewohnt. Die neue Forschung sagt, dort sei auch Jesus auf die Welt gekommen. Ich hab' g'lernt, das wäre in Bethlehem gewesen.

Nach der Überlieferung ist Nazareth auch der Ort der Verkündigung. Mönche fanden Reste des Hauses der Maria, wo der Engel sie besuchte. Dem Pilger wird die Küche

101

gezeigt, und die genaue Stelle, wo Engel und Jungfrau gestanden haben – sollen – damals. Mönche graben an vielen Orten im Heiligen Land. Wunderbarerweise finden sie immer genau das, was sie finden wollen. Jetzt gibt es natürlich auch viel unchristlichen Streit um die heiligen Stätten. Die Griechisch-Orthodoxen zeigen einen ganz anderen Platz der Verkündigung. Und Nonnen, die sich die Damen von Nazareth nennen, widersprechen beiden heftig, denn auch sie haben eine Kirche mit dem garantiert historischen Ort der Verkündigung in ihrem Kloster. Das Städtchen Nazareth lebt gut davon. Die Touristen bleiben länger, da sie mindestens drei heilige Stätten besuchen müssen.

Die Grabeskirche in Jerusalem gilt als heiligste Stätte der Christen. Ihre Geschichte liest sich weniger als Kunst- und Kirchengeschichte und mehr wie ein Kriminalroman. Eine Kette von Intrigen, Gewalttaten, Fälschungen und Kriegen. Gebaut wurden sie angeblich an der Stelle, an der die Kaiserin Theodora, eine Heilige, die angeblich zuvor gar nicht so heilig war, ein Kreuz fand, das angeblich das Kreuz Christi war. Teile des Kreuzes sind immer noch im Handel.

Den Besitz der Grabeskirche teilen sich die römisch katholischen Franziskaner, die orthodoxen Griechen, die Armenier, die Kopten, Jakobiten und die Abessinier. Diese haben sich vor einigen hundert Jahren das Dach erobert und drauf ein Kloster gebaut. Und sie verteidigen es gegen alle Angriffe der übrigen frommen Gemeinden.

Die Kapellen, Grabanlagen, Gewölbe und Höfe haben sich die anderen Christen aufgeteilt und führen einen erbitterten Kampf um Wegerechte, Glockenläuten, Prozessionen und Andachten. Auch um die Pilger. Voller Neid und Mißtrauen machen sich alle das fromme Leben schwer, obwohl sie hier unter sich wären, die Christen. Archäologen behaupten aber, hier könnte unmöglich das Grab gewesen sein, der ganze heilige Krieg wäre sowieso umsonst. Sie suchen noch das historische Grab. Hoffen wir, daß sie es nie finden mögen, sonst geht alles wieder von vorne los.

Viele Touristen interessieren sich mehr für Bauten und Kunstwerke, als für die Menschen eines fremden Landes. Der Bus hält, die Kamera schon schußbereit steigt man aus, das Objekt wird nach dem günstigsten Kamerastand begutachtet und geschossen. Der Ausdruck trifft da durchaus zu. Schon kann man zum nächsten Halt weiterfahren. Für Details, Kleinigkeiten und Menschen bleibt kaum mehr Zeit. Dabei sind sie immer noch das Interessanteste auf der Welt. Die Eigenarten, das Typische eines Landes, kann man nur über die Beobachtung der Menschen erfahren, die da leben. Das braucht natürlich Geduld und Zeit. Aber die sollte man sich eigentlich nehmen auf der Reise.

Ein Gesicht, ein Blick sind die nachhaltigsten Eindrücke. Liest man Reisebeschreibungen von früher, findet man viel mehr Schilderungen von Menschen als von Bauten und Landschaften. Man muß auch nicht gleich alles fotografieren, sondern kann sich auch mal was nur anschauen und merken oder zeichnen. Schauen zwingt zur Ruhe.

Ein anderer Fehler, den ich beobachtet habe: Man will zu viel, man will alles sehen. Ruhig einmal was auslassen und nicht immer auf die Seite schauen, auf die der Fremdenführer zeigt. Touristen sind viel zu brav und folgsam. Angeführt von einem Regen- oder Sonnenschirm, je nach Breitengrad, marschiert einer dem andern nach. Als schlimmes Beispiel wieder Disney-World: Da halten die Hostessen Reitpeitschen in die Höhe mit einem Mickymaus-Kopf drauf.

Die letzten Jahre ist sogar ein ganz neuer Beruf entstanden. Der Animateur, der Anreißer, Spielmacher, der lustige Bursch' mit frecher Schnauze, der die Leut' von früh bis spät beschäftigt und ihnen damit jede eigene Initiative nimmt. Im Urlaub muß man also genau das machen, was man das Jahr über auch hat: Sich am Nachbarn messen, besser sein als er, bräuner, schöner, fröhlicher als er. Man muß der Erste sein. Und das Organisierte wird von Jahr zu Jahr perfekter. Es ist ja auch viel bequemer und billiger für die Unternehmer.

Es ist erlaubt, sich für etwas nicht zu interessieren, was zwei Sterne hat. Man darf auch einmal faul sein. Und noch ein Fehler, den wir machen. Das ist aber der letzte, dann hör' ich auf: Wir vergleichen das Fremde mit unseren Lebensgewohnheiten, unserer Kultur, unserem Standard. Es ist ja noch nicht raus, ob wir da in allem recht haben. Die Menschen werden mehr auf der Welt, wir rücken immer näher zusammen und werden uns daran gewöhnen müssen, daß neben uns Leute wohnen, die anders sind als wir, daß ihre Kinder anders schreien, es aus der Küche anders riecht. Aber wir wissen vielleicht auch, daß aus den Kindern dieser Kinder eines Tages ganz echte schwarzaugate Bayern werden. Unsere Geschichte beweist es. Es ist ja nicht die erste Ausländerwelle, die über uns – na, sagen wir, hereingebrochen ist. Möglicherweise gäb's uns gar nicht mehr, wenn wir nicht immer wieder aufgefrischt worden wären. Ich weiß, daß ich mich da auf gefährlichem Boden bewege, aber ganz vorsichtig gesagt, die Bajuwaren sind in grauer Vorzeit ja auch von irgendwoher aus dem Osten zugewandert, haben sich vermischt mit den Kelten. Und die Römer haben als Besatzung ja auch Spuren hinterlassen. Es waren im Lauf von zweitausend Jahren so ziemlich alle da, die rundum gewohnt haben. Und wir haben es überlebt. Also werd' ma das auch überleben.

Jetzt müßte eigentlich das Kochrezept kommen, von dieser letzten Reise . . . aber da beißt's aus. Ein jüdisches Gericht ist mir nicht in Erinnerung geblieben. Bei den Hunderten von Gesetzen, die Strenggläubige beachten müssen, betreffen viele Speis und Trank. Für Touristen gibt's da keine Ausnahme. Es ist nicht leicht, wenn man in den Kaffee einen künstlichen Rahm kriegt, in der Früh schon rohen Fisch essen soll. Und ein Fleisch, das dreimal ausgewaschen ist, schmeckt halt auch so. Ich glaub', Drei-Sterne-Lokale gibt es nicht in Israel, nicht einmal zwei – na, oan aa net. Wenn aber die brotlose Zeit des Pessach-Festes anbricht, schleicht der ungläubige Christ zum Araber und deckt sich mit Brot ein. Dort kostet es während der Zeit natürlich das Doppelte. Wer aus schlechter Gewohnheit ein Bier bestellt, kriegt einen Blick, als hätte er einen Wirtinnen-Vers erzählt.

Ja, eine gute Fischsuppe habe ich einmal gegessen, und zwar aus Süßwasserfischen. Ein Resterlessen, wenn zum Beispiel vom Weihnachtskarpfen was übrig bleibt, es gehen aber auch andere Fische, nur soll man fette und magere mischen.

Fischsuppe

Man nehme Fischsud vom Tag vorher, passiere, was an Wurzelwerk und Fischresten darin rumschwimmt, durch ein großes Sieb. Man kann dazu auch das ausgekochte Gemüse einer Fleischsuppe nehmen. In der etwas dicken Suppe lasse man größere Stücke von mageren Süßwasserfischen ziehen. Wenn sie gar sind, kommen die Reste vom Karpfen dazu. Abschmecken mit Zitronenschale und Saft und zum Färben etwas Safran. Zum Schluß noch geschlagenen Rahm oder Crème fraîche einrühren. Wer die Suppe dicker mag, kann vorher ein leichtes Mehlteigerl mit Weißwein einrühren. Der Fischsud soll aber mehr mit Weißwein als mit Essig angesetzt sein.
Ist sowieso besser.

X. Über das Einbrechen, wenn's einen selber trifft und einen Zwetschgendatschi, den Frosch im Hals und andere Probleme mit dem Fernsehen

»Werter Herr Sedlmayr, endlich hat man Dir eine auf den Schädel gehaut. Ich mag Dich nicht. Grüß Gott, ein Bayer aus Schwandorf.«

Das war ein Brief, den ich ins Krankenhaus bekommen hab, leider ohne Absender. Lieber anonymer Herr, ich darf Ihre Wünsche von Herzen erwidern. Danke gleichfalls.

Recht unsanft wurde ich vor einiger Zeit aus dem Schlaf geweckt, von Einbrechern. Ich erzähl ein bissel was von diesem Abenteuer, weil ich so vielleicht ein paar Erfahrungen weitergeben kann, und aus Erfahrungen lernt man, hat mein Vater immer gesagt.

Oft habe ich mir ausgedacht: Wie verhalte ich mich im Ernstfall? Was tust du, wenn Einbrecher im Haus sind? Das hab ich geübt, wie eine Feuerwehrübung. Aber nachher hat von dieser Übung nichts gepaßt. Es war auch ganz anders als im Krimi, und ich war auch kein Held, und wenn es vorbei ist und die Herren Einbrecher wieder fort sind, liegt man da, wie ein Paket verschnürt, und wartet, daß wer kommt und einen wieder aufschnürt.

Die erste Stunde tut man sich nur leid und möchte nicht mehr leben. Dann geht die Handelschaft mit den Vierzehn Nothelfern an. Da ich aber nicht wußte, welcher für diesen Fall zuständig ist, habe ich bei allen angefragt. Ich habe geboten: eine Wallfahrt, Kerzen, eine Spende und das Versprechen, ein besserer Mensch zu werden und nicht mehr zu rauchen. Für die Wallfahrt habe ich aber noch keine Zeit gehabt. Kerzen und Spende sind schon weg und mit dem Rauchen aufhören fange ich morgen an. Ein besserer Mensch zu werden, bemühe ich mich sowieso laufend. Aber mei, gell, außerdem ist es bei uns Schauspielern sowieso egal, das Publikum identifiziert uns mit den Rollen, da kann man privat noch so brav sein.

Vor Jahren habe ich in einem Krimi einen bösen Wirt gespielt. In der Mitte des Films wurde ich umgebracht. Also keine große Rolle. Damit meine Töchter als Vatermörderinnen verdächtigt werden sollten, war ich recht ungut zu ihnen. Besonders stolz war ich auf die Idee, daß ich der einen eine Ohrfeige gegeben habe, das haben wir siebenmal gedreht. Monatelang hat es gedauert, bis mir die Zuschauer diese Watschn verziehen haben, obwohl sie nicht echt war. Am Viktualienmarkt hat mir eine Frau gedroht: Sie schau ich nie mehr im Fernsehen an.

Aber nur gute Menschen, Idealfiguren zu spielen, ist halt langweilig. Wie Süßspeise auf die Dauer – außer Zwetschgendatschi, den könnt ich immer essen, wenn's das ganze Jahr über gescheite Zwetschgen gäbe. Deshalb hierzu einige Tips:

Zwetschgendatschi

Hefeteig mit gehackter Zitronenschale und den Teig nicht zu süß machen. Wer einen Datschi mit Rand mag: eine Bratreine mit Butter und Butterschmalz dick ausstreichen, den Teig dünn hineindrücken und mit den trockenen Zwetschgenvierteln dick belegen und gehen lassen. Ganz wenig Zucker drauf. Den Datschi langsam backen, erst wenn er fertig ist, mit viel Zucker und etwas Zimt bestreuen. Wer's mag, einige Spritzer Schnaps drauf. Genauso geht's mit Äpfeln. Die Apfelschnitze dick schneiden und einige Spritzer mehr Schnaps drauf. Den Zwetschgendatschi hab ich von meiner Mutter gelernt, im Herbst hat's den bei uns jeden Tag gegeben, aber ohne Schnaps, oder Rohrnudeln mit Zwetschgen, oder Apfelküchel.

Wir haben im Garten vier Apfelbäume gehabt und zwei Spalierbäume mit Jakobiäpfeln, und keiner durfte verfaulen. Von Fallobst wurde Gelee, Most und Saft, Mus und Kompott gemacht. Dann war der Speicher voll mit Apfelringen zum Trocknen. Aus dem Butzen und dem anderen Abfall hat man Essig gemacht. Sogar die Würmer wurden verwertet, die haben die Hühner gekriegt. Im Keller warteten die Winteräpfel und durften erst gegessen werden, wenn s' weg müssen haben. Und die den Dezember überlebten, wurden im Januar und Februar Bratäpfel. Irgendwann im Frühjahr hat es aus einem feinen Delikatessgeschäft in der Stadt einen glänzenden, rotbackigen Apfel gegeben, der ausgeschaut hat wie von der bösen Königin im Schneewittchen gefärbt. Der war aber eigentlich viel zu schade zum Essen und auch lange nicht so gut wie einer von einem alten hohen Baum mit ganz kleinen harten, grasgrünen – der im Nachbargarten gestanden ist.

Bleiben wir beim Essen, weil ich das Vergnügen hatte, in einem städtischen Krankenhaus manchmal oder öfter – eigentlich fast immer – ein Essen zu kosten, das das englische Wort »Food« verdient hätte. Und da kann mich jetzt meinetwegen die Stadt verklagen oder beleidigt sein, das ist mir wurscht.

Ich hab auch gleich gemeckert, was gar nicht beliebt ist, denn im Krankenhaus hat man brav zu sein. Man ist ja nicht in einem Luxushotel zum Vergnügen oder zur Erholung, obwohl man sich eigentlich erholen müßte. Essen wird da nur als notwendige Nahrungsaufnahme betrachtet. Ich hab mich also beschwert, das darf man ja, hab ich gedacht, man zahlt ja für den Laden und nicht zu wenig. Erste Reaktion: Seit hundert Jahren sind Sie der erste Patient, dem das Essen nicht schmeckt. Das kann also nur an Ihnen liegen. Zweitens sind Sie sowieso zu dick, und Diät tut Ihnen nur gut. Auf meinen Einwand, daß man Diät-Essen eigentlich besonders gut kochen müßte, damit das Wenige, das man kriegt, wenigstens nach irgendwas schmeckt, war man der Meinung, Diät sei nicht zum Vergnügen, sondern zum Gesundwerden da. Drittens: Komisch, hat einer gemeint, den anderen schmeckt es. Sie sind vielleicht ein ganz verwöhnter Sonderling. Wenn ich dann aber andere gefragt hab, fanden die das Krankenfood auch nicht gut, aber das waren wahrscheinlich andere andere. Meine Frage, warum denn so viel von dem guten Essen ungegessen bleibt, wurde dahingehend beantwortet, daß Kranke eben keinen Appetit hätten. Meine Meinung, daß das wieder eine zwangsläufige Folge des nicht guten Essens wäre, wurde als laienhaft abgetan. Weil eben ein Kranker vom Kranksein überhaupt nichts versteht. Nur die Doktoren, aber die kommen auch noch dran.

Ich hab mich bei diesen Feinschmeckerdebatten so aufgeregt, daß ich Beruhigungsmittel brauchte. Die sind sehr gut, und da kriegt man auch alles. Weil Ruhe ist die erste Krankenpflicht.

Das Verpflegungsproblem hatte ich nach einigen Tagen im Griff. Ich hab einen Notdienst eingerichtet für Kaffee von zu Haus. Statt Blumen- und Kranzspenden habe ich mir von Besuchern was zu Essen gewünscht, was Gutes. Ich hab dann die meisten der köstlichen Krankenhausmenüs unberührt an mir vorbeiziehen lassen. Nur den Tee, den hab ich gern getrunken, weil mich der an ein Heißgetränk erinnert hat, das es nach dem Krieg gegeben hatte: Das Rezept wollte ich haben – überhaupt hätte ich mich für das Kochbuch interessiert, aber das ist wahrscheinlich als geheime Dienstsache unter Verschluß.

Ich hab gefragt, ob die einen Partyservice haben, ich hätte zu gern einmal ins Rathaus liefern lassen. Aber sonst wird man gut behandelt, wenn man brav ist, und sich, ohne zu murren, in das Krankengut einreiht. Krankengut ist ein moderner und gern gebrauchter Ausdruck für Patienten. Gott sei Dank gibt es auch noch ganz unmoderne Schwestern, Pfleger und Ärzte, die Kranke wie richtige Menschen behandeln, nicht gleich mit Opa und Oma daherkommen. Und die Putzfrauen sind besonders nett. Danke für jedes freundliche Wort. Ich weiß, man muß dankbar sein als Krankengut, daß man aufopfernd gepflegt wird, in einem sauberen Bettchen liegen darf, sogar einen Sessel im Zimmer hat und zwei Haken für Handtuch und Waschlappen. Einen dritten für den Schlafrock muß man sich halt selber einschlagen. Man hat ja Zeit dazu.

So nach einer Woche hat das Interesse an dem Loch in meinem Kopf nachgelassen. Die ersten Tage sind natürlich ein Wirbel, das Loch ist ja sozusagen ein öffentliches. Ein Fotograf hätte mich gern ohne Verband gesehen, ich war ihm mit nicht fotogen genug. Und jedem Besuch muß man wieder die Geschichte erzählen – nach dem Begrüßungssatz: »Was machen Sie denn für Sachen?« – als ob man sich das Loch selber geschlagen hätte.

Eine Dame von einer Damenzeitschrift ist mit einem alten Rosenstrauß gekommen und war ganz enttäuscht, daß sie kein Blut mehr gesehen hat. Sie schreibt die Serie: Die schwerste Stunde meines Lebens. Ich habe ihr gesagt, daß ich vorher schon schwerere gehabt hab, und daß sicher noch einige kommen, da ich ja noch ein paar Jahre leben möchte. Aber die war ihr nicht schwer genug, und sie ist nach einer Stunde wieder weg – mit dem Rosenstrauß. Den hat sie gebraucht fürs nächste Opfer.

Sehr tröstlich sind auch Besucher, die Krankheiten, Todes- und Kriminalfälle aus ihrer Nachbarschaft berichten. Zum Beispiel: »Von meinem Onkel ein Bekannter, der hat sich nur am Türrahmen angeschlagen und hat auch so ein Loch gehabt. Das ist nie mehr zugewachsen.«

Oder ein anderer weiß einen Fall: »Da war auch eine Gehirnerschütterung, die Frau sitzt heute in Haar. Jetzt stellen Sie sich vor, wenn Ihnen das passiert, daß da was bleibt, da können Sie ja nicht einmal mehr Schauspieler machen.«

Dann würde ich Schlagertexter. Denn mit nur einem Schlager soll ein Produzent, der Sänger, der Komponist, der Texter und der Steuerberater so viel Geld verdienen, daß sich jeder ein Haus bauen kann – vorausgesetzt natürlich, daß der Schlager ein Erfolg wird. Da ich auch ein Haus bauen möchte, aber weder singen noch komponieren kann, bleibt nur der Texter.

Dichten wäre in zwölf Wochen erlernbar, hat eine Zeitungsanzeige versprochen. Der Kurs kostet 1500 Mark plus 250 Mark Aufnahmegebühr. . . Ja, ein bißchen was muß man schon investieren, von nichts kommt nichts. Da kann man vier verschiedene Dichtarten lernen: Roman, Lyrik, Drehbuch und allgemeines Dichten. Ich hab das allgemeine gelernt. Als erstes mußte ich die erste Rate zahlen und dann das Lehrmaterial, von der Akademie natürlich, das waren nochmal 400 Mark. Nicht billig, wenn man aber die Hypothekenzinsen beim Bauen anschaut, immer noch preiswert. Die Anfangslektionen Grammatik und so habe ich gleich übersprungen, weil ein Schlager keine Grammatik braucht. Reimkunde ist wichtig. Also ein Reim ist, wenn ein Wort zu einem anderen paßt: Triebe – Liebe – Hiebe oder Klein – fein – mein – Schwein. Also da kriegt man in zwei Wochen schon ein Gefühl, was geht. Ich kann jetzt immerhin aus

dem Stand ins Gästebuch eine nette gereimte Widmung schreiben: Frau Wirtin hatte heut Forelle . . . und des andere dichten S' selber. Reimen hilft auch beruflich weiter. Nach dem ersten Kapitel Reimlehre habe ich schon gedichtet. Das lief, sage ich Ihnen, das heißt, es wäre gelaufen, aber es gibt einfach keinen Reim mehr, der nicht von einem anderen schon gereimt worden wäre.

Herz – Schmerz

Treue – Reue

Sonne – Wonne

Da geht kaum mehr was, womit man einen Neubau finanzieren könnte.

Wichtig ist heute, das Ohr der Jugend zu haben. Die jungen Leute sind anspruchsvoll, die möchten Texte mit Inhalt und Aussage. Zwei Wochen bin ich jetzt an einer Nummer gesessen, die das ganze Feeling, aber auch den Protest sowie auch das Schöne, das Positive bringt:

Ma – ma – mama – ma – ma

be – be – bäbä – bebe

aa – bäbä – aha – mama

– das geht noch mindestens drei Minuten so weiter. Sie müssen sich das jetzt mit Musik vorstellen, weil da kriegt so eine Nummer ja erst den richtigen Drive. Wenn das kein Hit wird, fresse ich einen Besen.

Aber ich möchte nicht einstimmen in das allgemeine Wehklagen, daß die Welt und die Menschen immer schlechter werden, daß früher alles besser und geordneter war. Das Alte Testament ist schon voller Kriminalgeschichten. Die Heldensagen, ob germanisch, griechisch oder römisch sind voll Mord und Totschlag. Dagegen sind die heutigen Kriminalromane harmlos. Und was sich manchmal in Kindermärchen tut, ist auch nicht gerade fein. Der Mensch hat sich anscheinend immer an Greuel und Brutalität erbaut. Der brave alte Schloßgärtner ist als dramatische Figur erst interessant, wenn er statt Dahlienknollen eine Leiche vergräbt, oder, noch besser, mehrere.

Kriminalromane und auch Filme werden ja meistens vom Schluß her geschrieben. Da sitzen feine ältere Damen oder Herren am Schreibtisch und haben eine Leiche in der Kühltruhe liegen. Die nächste Überlegung: Wer ist die Leiche? Wie ist sie verschieden? Nicht auf natürliche Weise, versteht sich, das gibt keinen Kriminalfilm. Wenn man eine möglichst komplizierte, seltene Todesart erfindet, langt eine Leiche für den ganzen Film.

Dann muß man nachdenken: Wie kommt sie in die Kühltruhe? Wenn einem das einfällt, hat man automatisch einen Täter. Und wenn man den hat, sucht man als geschickter Autor das Milieu, in dem alles spielt.

Eine Villa in Harlaching – da gibt es aber kaum mehr eine, die nicht schon Kriminalfilmschauplatz war. Neu wäre ein kleines Haus in der Au. Ganz klein und ganz arm, aber wie kommen da die Leute zu so einer großen Kühltruhe. Das ist die erste Krisensituation des Autors. Er muß hinaus in die Welt und Kontakt mit dem wirklichen Leben aufnehmen. Und dabei bräuchte er bloß seine Zugehfrau fragen, die hat nämlich eine große Kühltruhe, weil die Verwandte in der Oberpfalz hat, die dreimal im Jahr schlachten, und sie dann eine viertelte Sau kriegt, und sie die nicht allein auf einmal essen kann, als Witwe.

Aber die Zugehfrau würde als Mörderin ausscheiden, weil sie eine ganz normale Frau ist, und die Erni Singerl nie eine Mörderin spielen würde, dann ist die Zugehfrau ja Witwe, aber sie könnte einen jungen Freund haben, einen Ausländer. Ausländerproblem ist jetzt aktuell. Aber, wie gesagt, die Kühltruhe der Zugehfrau ist voll, da hat keine Leiche mehr Platz. Der Autor wandert durch die Straßen und überlegt, wo könnte die Kühltruhe sonst noch stehen?

Er hat's: Die Kühltruhe steht in einer Almhütte, hoch auf einem Berg im Zillertal. Der Mörder ist eine Sennerin, vielleicht spielt's die Erni Singerl dann doch, und den Titel hat er auch vom Spaziergang mitgebracht: »Der weiße Sarg«.

112

Voller Tatendrang setzt er sich an die Schreibmaschine im Arbeitszimmer, mit Blick auf den Swimmingpool.

Aber wer ist die Leiche auf der Alm? Wer liegt in der Truhe? Ein Bergsteiger? Oder vielleicht der Briefträger, ein Urlauber, ein Preiß? »Der Preuße im weißem Sarg«. Na, das wird alles zu folkloristisch. Außerdem wird für Volkstümliches weniger bezahlt. Nein, die Kühltruhe muß leider von der Alm runter.

Ein Landsitz der Großindustrie. Stahl, Hochofen, Wirtschaftsverbrechen, das ist aktuell. Aber wenn da ein Hochofen steht, hab ich als Mörder es nicht nötig, meine Leiche in der Kühltruhe zu lagern, da werfe ich sie selbstverständlich in den Hochofen, aber das war schon oft.

Also Milieuwechsel: Ein Mord in einer Sekte. Religiöse Fanatiker, ein Guru, verführte Jugendliche, brandaktuell. Natürlich, jetzt hat er's. Da kann er alles unterbringen, eine Sekte, die von einem geheimnisvollen Guru, der in Indien sitzt, geleitet wird, bewohnt ein neugotisches Schloß. Oder noch interessanter, ein ehemaliges Nonnenkloster, das mangels Nonnen verkauft wurde. Dort wird in der Mitte des Films der Guru – es ist nicht der echte, sondern sein Doppelgänger, aber das erfährt man erst am Schluß – tot in Klarsichtfolie verpackt in der Tiefkühltruhe gefunden. Das Tolle ist nämlich, daß die vegetarisch leben und keine Gefriertruhe brauchen, so kann der Guru wochenlang da rumliegen. Der Einfall ist grandios, muß ich selbst sagen. Der Kriminalfilm ist fertig – also, das Buch wenigstens. Man könnte alles in einer Viertelstunde erzählen, aber da ist nichts verdient. Auf mindestens eine Stunde muß der tote Guru ausgenudelt werden. Dazu hat man den Kommissar, er sorgt für die nötige Länge. Der Kommissar ist eigentlich die langweiligste Rolle. Er kann in noch so gefährliche Situationen kommen, es passiert ihm nichts, er muß ja weiterleben als Serienfigur.

Er arbeitet Tag und Nacht. Ob er in der Oper sitzt oder in der Badewanne, er hat immer Dienst, und wenn eine Leiche gefunden wird, setzt er sich in seine Luxuslimousine und braust zum Tatort. Dort angekommen, schaut er auf seine Zehntausend-Mark-Uhr, rückt die Revers seines Dreitausend-Mark-Anzugs zurecht, dann streicht er elegant und lässig über seine Zweitfrisur und schnuppert. Er wittert Mord.

Das mit dem Toupet ist ganz blöd gegangen, das hat er damals angefangen vor Jahren, und jetzt traut er sich nicht mehr ohne, um die Fans nicht zu enttäuschen. Dabei wissen die das längst. Aber er wird sich wohl erst in der Rente oben ohne unter die Leut trauen.

Mit nur einer Leiche kommt ein Stundenkrimi kaum noch aus. Gut, wenn viel Aktion und Schlägerei und Blut vorkommt, vielleicht. Blut wird übrigens immer noch

114

mit Tomatenketchup gemacht. Nur wenn einer einen Treffer in den Bauch kriegt oder direkt ins Herz, hat er eine Blase mit Filmblut unter dem Hemd, und die sticht er auf, in dem Moment, wo er sich vor Schmerzen an den Bauch faßt. Echtes Blut wäre nicht so wirkungsvoll. Für ausgeschlagene Zähne, die man ausspucken muß, nimmt man weiße Bohnen in den Mund, obwohl, bei der jetzigen Konjunktur in unserem Beruf, wäre mancher bereit, für eine Rolle seinen Stiftzahn zu opfern, aber da ist die Krankenkasse dagegen.

Der Krimi ist gedreht und läuft. Und wenn Sie ihn beim ersten Mal nicht sehen, macht nichts, er wird ja noch fünfmal wiederholt. Schließlich muß das Fernsehen sparen, und Wiederholungen sind so eine Sparmaßnahme. Beim Fernsehen geht das Sparen ja erst richtig los. Die Papierkörbe dürfen nur mehr jeden zweiten Tag geleert werden, Handtücher müssen sich die Leut von zu Haus mitbringen, wenn sie sich waschen wollen. Dann spart man auch an uns, und jetzt heckt man noch weitere Maßnahmen aus.
   Darf ich zu diesem Thema meinerseits einige Vorschläge machen:
   Zuerst einmal muß eine eigene Sparabteilung eingerichtet werden, mit Verwaltungsneubau natürlich. Man könnte Mitarbeiter beschäftigen, die zu wenig Arbeit haben. Das tägliche Programm könnte so aussehen:
13.00 – 14.00 Uhr Programmvorschau
14.00 – 14.30 Uhr der Sonnenuntergang vom Vortag
14.30 – 14.45 Uhr Verlesung des täglichen Abreißkalenders
14.45 – 15.00 Uhr Wetterbericht
15.00 – 16.00 Uhr Verlesung der Tageszeitungen
16.00 – 17.00 Uhr Klavier- oder Geigenunterricht
17.00 – 17.30 Uhr Frühgymnastik oder Kochkurs
17.30 – 18.00 Uhr Die Kamera am Stachus zeigt den Stoßverkehr
18.00 – 18.30 Uhr Werbung
18.30 – 19.00 Uhr Aktuelle Berichte, wie: »Der Zimmerbrand in der Pettenkoferstraße«;
»Bei Frau Engerling gibts heute Pichelsteiner«
Patienten fragen: »Ist es Kopfweh, wenn der Kopf weh tut?« Dr. Schmitt antwortet.
Das tägliche Horoskop
Das Abendläuten in Feldmoching
19.30 – 20.00 Uhr Fernsehredakteure lesen aus ihren neuen Büchern vor

20.00 – 20.15 Uhr Tagesschau und Nachrichten. Das bleibt. Dann liest die Ansagerin aus ihrem Memoiren vor.

Um 21.00 Uhr folgt ein finnischer Stummfilm aus dem Jahr 1921. Anschließend eine Diskussion über diesen Film

Nach der Wiederholung der Abendnachrichten folgt eine politische Diskussion über das Thema: Brauchen wir höhere Rundfunkgebühren? Teilnehmer sind dieselben wie nach dem finnischen Stummfilm, damit nicht zweimal Fahrgeld anfällt.

Wer jetzt von den Zuschauern immer noch wach ist, sieht fünf Minuten das Sprichwort des Tages. Dann, nach einer kurzen Pause, ein Experimentierfilm der vierten Klasse der Hauptschule in Unterföhring.

Zum Sendeschluß singt der Intendant die Bayern-Hymne.

Schlimm wird das allgemeine Sparen für uns erst, wenn die Leute so sparsam werden, daß sie Fernsehen und Radio nicht mehr einschalten, um den Strom zu sparen. Übrigens, das Radio braucht weniger Strom.

Andererseits, wenn man zuviel spart, verhält man sich nicht konsumfreundlich. Man macht's auf jeden Fall falsch. Die einen predigen, wir sollen wieder mehr arbeiten, die anderen fordern steuerliche Bestrafung von Mehrarbeit. Daß man gerne arbeitet, darf man kaum mehr zugeben. Leicht wird man sonst für hoffnungslos altmodisch, unsozial oder auch nur für schlicht blöd gehalten. Dem Begriff Arbeit haben ganz Schlaue und Fortschrittliche einen negativen Beigeschmack gegeben. Arbeit wäre der Feind des Menschen, also dürfe man nicht gern arbeiten.

Die letzten 10 Jahre ist für uns Schauspieler eine große Konkurrenz hergewachsen. Der sogenannte Mann von der Straße. Das Schlimme ist, daß der manchmal sogar noch gut ist als Schauspieler.

Die Filmer haben damit angefangen, mit der Begründung, daß zum Beispiel nur ein echter Maurer einen Maurer echt spielen könne. Oder nur eine echte Dame mit entsprechender Erfahrung könnte eine glaubhafte Dirne abgeben. Und das Fernsehen macht's nach. Um so schwerer hat es der junge Schauspielernachwuchs gerade beim Fernsehen. An wen soll er sich wenden? Einen Herrn Fernseh gibt es nicht, obwohl das auch sein Gutes hat. Sogar ein Mensch wie ich, der fast vom Fernsehen lebt, kann sich erlauben, über's Fernsehen zu schimpfen. Da ist keiner beleidigt, denn es fühlt sich keiner betroffen. Und wenn einer wirklich etwas merkt, kann man das ZDF oder das ORF oder das dritte Programm oder auch das Kabelfernsehen gemeint haben. Aber wie kommt ein

116

Neuer ins Fernsehen? Mit der Straßenbahn so einfach hinfahren, das bringt nichts. Und Bewerbungsschreiben machen den Leuten nur Arbeit, und die hätten sie sowieso – sagen s'. Andere vermuten, mit Beziehungen ging's . . . Halt! Den Satz hab ich ja wieder gestrichen, der gilt nicht . . . mir gangst!

Ein Gerücht hält sich hartnäckig, daß nämlich jemand vor Jahren verbreitet habe, er würde einen bekannten bayerischen Politiker kennen, und so wäre er ins Fernsehen gekommen, aber, wie gesagt, ein Gerücht.

Aber es ist ja gar nicht so schön beim Fernsehen und gefährlich. Bei jedem Beruf, den man spielt, protestiert irgend ein Standesvertreter. Mach ich einen Friseur, ist einer beleidigt, daß ich als Platterter einen Friseur spiele. Ein Zuschauer reklamiert, daß ich als Bayern eine Baskenmütze auf hab, ein Polizeibeamter, wenn ich in Uniform Hosenträger trage und einen Bauch.

Ein Berufsbayer beschwert sich beim Intendanten, daß ich nicht bayerisch genug bin, und eine fromme Frau meint, man müßte mir das Handwerk legen, weil in einem Film ein Mädchen oben ohne zu sehen war. Eine Tante meint, ich hätte doch Konditor werden sollen, denn Kuchenbacken könnte ich.

Junger, aufstrebender, ehrgeiziger Schauspielernachwuchs, ich möchte dir damit nur klarmachen, daß über dich jeder alles schreiben und sagen darf. Jeder kann sagen, der ist gut oder schlecht. Unser Beruf kennt keinen Meisterbrief oder Qualifikationsnachweis, kein Diplom oder Zeugnis, auf das du dich berufen kannst.

Daß wir uns recht verstehen – ich möchte keinem die Lust am Schauspielerberuf nehmen. Er ist immer noch empfehlenswert schön, man kann sogar Geld damit verdienen, mit einer Tätigkeit, die man noch dazu gern tut. Wie viele haben schon das Glück? Und daß das Theater heute nicht mehr Kirche, der Schauspieler kein Hoher Priester der Kunst mehr ist, sondern ein weitgehend normaler Mensch – mehr oder weniger, ist vielleicht gut – obwohls schon was an sich gehabt haben, so gschpinnerte Künstler. Da war jeder eine Persönlichkeit. Damals durfte der Schauspieler noch spinnen, schwierig sein. Heute ist das ein Vorrecht der Regie. Das Überhandnehmen des Regieunwesens, der Funktionäre, Dramaturgen, Bühnenbildner, halt aller, die vor lauter Konzeption den Schauspieler nur mehr als lebende Marionette und Kleiderpuppe sehen und für ein bisserl blöd halten, die auch den Zuschauer für blöd halten, wenn ihm etwas nicht gefällt.

Es hat im Fernsehen eine Aufführung von Othello gegeben, von der hab ich fast alles vergessen, war auch nicht mehr wert. Aber die Szene, in der Othello seine Desdemona erwürgt, ist mir unvergeßlich. Sie lag im Himmelbett, die Vorhänge wehten leicht – dem Regisseur wahrscheinlich zu leicht, denn plötzlich kroch ein Mann im Arbeitskittel in die Dekoration. Er wollte die Windmaschine richten, hat aber gemerkt, daß er von der Kamera gesehen wird, und wollte wieder aus dem Bild robben. Im selben Augenblick trat Othello, der Mohr von Venedig, durch die wackelige Tür. Der andere robbte unter das Bett und blieb da, bis alle tot waren.

So was kann heute leider kaum mehr passieren. Wir Schauspieler machen ja kaum mehr etwas live. Unsere Arbeit im Radio oder Fernsehen ist meistens Band oder Ampex oder wie die Konserven alle heißen. Das hat den Vorteil, daß man wiederholen und Fehler rausschneiden kann. Da heut alles mehr und mehr nach Perfektion strebt, im Deutschen Fernsehen Ansager einen Frosch im Hals lassen und sich erst kurz vor dem Ersticken räuspern, sich dann aber entschuldigen, schau ich mir zur Entspannung öfters die Nachrichten im österreichischen Fernsehen an, da dürfen s' noch husten. Wär das schön, wenn wir wieder mehr Livesendungen hätten, wieder Pannen passieren würden, und wir Fehler machen dürften.

Am Theater, da zittert und lampenfiebert man noch live. Wenn der Zuschauer wüßte, was sich vor der Vorstellung an Schlottern abspielt. Da gibt's Kollegen, die stehen am Vorhangloch und suchen so lang im Publikum, bis sie das wohlig-furchtbare Lampenfieber haben.

Erst sitzt im Magen ein Knödel, der immer größer wird. Atmen, Durchatmen und an was anderes denken. An nichts – um Gottes Willen, wie ist mein erster Satz. Man schaut im Rollenbuch nach. Der Knödel steigt langsam zum Hals hoch. Ich bin ganz ruhig, meine Hände sind ganz ruhig – sie flattern.

Hoffentlich flattern sie nicht, wenn ich mir draußen auf der Bühne die Zigarre anzünden muß und dabei reden, mit der Zigarre im Mund. Reden und anzünden! Das schaff ich nie!

Die Zigarre fällt mir aus dem Mund. Das macht mich noch nervöser, dann brennt das Streichholz nicht, oder der Kopf bricht brennend ab, oder ich treff die Zigarre nicht, weil ich zittere. Ich laß die blöde Zigarre einfach weg. Aber ich hab's mit Zigarre probiert. Wie ist der schwere Satz im dritten Akt? »Brautkleid bleibt Brautkleid und Blaukraut bleibt Blaukraut« – welch ein blöder Satz! Brautkleid bleibt Brautkleid und Blaukraut bleibt Blaukraut. Das hat der Autor zwar extra für mich geschrieben, aber das laß

120

ich einfach weg. Doch dann meint die Souffleuse vielleicht, ich häng, und brüllt, daß es das ganze Theater hört.

Jetzt wird man endlich zum Auftritt gerufen. Toi – Toi – Toi. Auf dem Gang trifft man noch jemand, der laut grüßt und alles Gute wünscht, statt über die linke Schulter zu spucken – stumm. Ja nicht reden und schon gar nicht alles Gute wünschen.

Man nimmt sich wieder einmal vor, mit dem Beruf aufzuhören, Frührentner zu werden, zu garteln, sich im Frühsommer an den weißen Hollerblüten zu erfreuen, und dabei krieg ich gleich Appetit auf einen Hollerschmarrn:

Hollerschmarrn

Einen lockeren Schmarrnteig anrühren mit wenig Milch, die Eier teilen und das Eiweiß schlagen. In den Teig eine Prise Salz und a bisserl Zitronenschale. In Butterschmalz braten und die abgezupften, nicht gewaschenen Hollerblüten erst auf den Teig, wenn eine Seite leicht angebraten ist. Soviel Blüten nehmen, wie der Teig aufnimmt. Möglichst im ganzen Stück wenden, vorher noch Schmalz in den Tiegel. Wenn die andere Seite brät, Flamme klein und kurz zudecken. Dann in größere Stücke reißen und mit Puderzucker servieren. Hollerblüten kann man übrigens leicht einfrieren.

Ich bin der Meinung, das wichtigste am Theater ist: Erstens der Zuschauer, für den wird das Theater nämlich gemacht, der soll sich unterhalten. Er hat darauf einen ganz natürlichen Anspruch, abgesehen davon, daß er die Sache bezahlt mit seiner Eintrittskarte und seinen Steuergeldern.

Zweitens der Schauspieler. Er macht das Theater und hat einen Anspruch darauf, vom Regisseur geliebt zu werden oder wenigstens gemocht und möglichst gut und, wenn's geht, auch sichtbar auf der Bühne präsentiert zu werden und zwar so, daß er sich wohlfühlt und nicht schämt.

Drittens das Stück. Der Dichter, Autor oder Schreiber, hat neben seinen Tantiemen auch noch das Recht, daß sein Stück möglichst so gespielt wird, wie er es gemeint hat.

Und erst in vierter Linie der Regisseur. Seine Aufgabe ist es nicht, sich zu inszenieren, sondern das Stück. Das gilt auch für alle Ausstatter.

Fünftens die Kasse. Die Dahintersitzenden sollen zu den Davorstehenden möglichst freundlich sein, weil die nämlich die Kundschaft sind. Auch sollten sie gelegentlich eine Aufführung anschauen, damit sie wissen, was sie verkaufen.

Sechstens die Verwaltung. Die soll bedenken, daß das wichtigste beim Theater die Bühne ist. Und das, was dort stattfindet.

Und siebtens erst die Kritik. Der Kritiker soll nicht verlangen, daß Theater für ihn gemacht wird. Er soll nicht so tun, als ob er objektiv urteilen würde. Das kann er nicht, und das verlangt niemand. Er soll seine subjektive Meinung schreiben, nach Möglichkeit nie persönliche Fehden austragen und sich vielleicht etwas weniger wichtig nehmen.

XI. Von der guten alten Zeit und der Kunst, eine Gelbe-Rüben-Torte zu machen

Hätte man gleich damals, 1950 Schulden gemacht, ein paar Mietshäuser gebaut, dann wäre man heute ein reicher Mann und müßte sich nicht dauernd was Neues einfallen lassen.

Ja, und hätte man in der Schule besser gelernt, auch englisch, und wäre nach Australien und Neuseeland ausgewandert. Aber vielleicht war es doch gut . . . aber die kleinen Briefmarken, die Notopfer Berlin damals – da hat es gescheite Leute gegeben, die haben jede abgelöst. Überhaupt soll man jede Briefmarke sammeln. Irgendwann wird sie was wert, und wenn man Glück hat, erlebt man das noch.

Alles sollte man sammeln. Irgendwann wird jedes Glump eine Antiquität, wenn's genügend abgelagert ist. Dieses wirklich scheußlich schwarze Wohnzimmerbuffet, das wir geerbt haben, in Eiche massiv mit vier nackerten Kariatyden, die wirklich nichts getragen haben als Staub, mit sechs Schubfächern für Tafelsilber, das aber leider nicht mehr drin war, und einem Geheimfach, das wir noch entdeckt haben. In dem Fach waren 9.000,– Mark, aber Rentenmark, verfallen. Die haben wir eingerahmt. Das Buffet war so groß wie der Hauptaltar einer Dorfkirche, das einzige Erbstück vom Onkel Herbert. 1942 hat er es aufs Land verlagert wegen der Bomben. Damals gehörte das Prachtstück zu einem kompletten Eßzimmer. Der Onkel Herbert wurde ausgebombt, er hat nur das Eßzimmer gerettet und ein Mietshaus, von dem ist aber nur noch der Keller und ein Baum im Hof gestanden.

Die Teile der geretteten Möbel hat er von 1945 – 1948 nach und nach gegen Lebensmittel vertauscht. Von einem Teppich hat er sich fast ein Jahr ernährt. Das schöne Eßzimmer hat er fast verfressen. Bis auf das Buffet, da ist er vorher gestorben. Im Jahr 1948 haben wir es geerbt, das Buffet. Den Ruinenhof mit dem Baum leider nicht. 1948 war dann die Währungsreform. Lebensmittel hat's wieder genug gegeben, wir sind aufs Land und haben das geerbte Buffet abgeholt. Der Bauer hat fürs Einstellen 300,– DM verlangt, gutes Geld, und der Transport hat 75,– DM gekostet. Für 425,– DM ist das Buffet im Gang gestanden, denn fürs Rauftragen haben s' nochmals

50,- DM verlangt. Weitere Spesen waren Verbandsmaterial, denn jemand hat sich dauernd das Knie angestoßen, und die Verkaufsanzeigen in der Zeitung. Dann endlich, nach einem Jahr, waren wir es los – umsonst, denn Eiche schwarz massiv von 1890 war damals noch nicht gefragt.

Meine Mutter war so froh, daß sie noch zwei Kartons voll Krügel, Eierbechern, nackerten Jungfrauen, die sich waschen, angeschlagenen Obsttellern, eine Bowle ohne Gläser, einen Weinheber, einen Hund, der nicken kann - vielmehr konnte, weil es gibt ihn ja leider nicht mehr, dazugegeben hat. Da hat man ja Sachen hergeschenkt, die heute im Museum wären.

124

Bildpostkarten, die der Onkel von seiner Verlobten gekriegt hat. Beide waren dreißig Jahre verlobt, da kann man sich vorstellen, was da zusammengekommen ist. Heute täte so eine Karte glatt DM 25,– kosten – wenn man sie hätte. Hätte man doch das alles aufgehoben. Und da behaupten die Leute, Nostalgie wäre was Schönes.

Ganze Industrien sind damit beschäftigt, die nostalgischen Wünsche der Kundschaft zu befriedigen oder zu wecken – nein, umgekehrt. Erst wird Bedarf geweckt und dann befriedigt.

Der große Boom hat um 1960 angefangen, als die Leute das zum Leben Nötige meist hatten. Da machte man sich dran, das Unnötige zu verkaufen. Die Volkskunst wurde wieder entdeckt. Aber es gab nicht mehr viel, also wurde kopiert. Bis dann jeder Haushalt seine Marterl, Hinterglasbilder, Engerl, Wachsmodel, Schießscheiben und Hirschgeweihe hatte. Das hat gut 10 Jahre gedauert.

Dann ist man umgestiegen und hat sich den Volkskitsch ausgedacht. Potschamperl für die Weißwürst, Tassen für Linkshänder, einen Kopf oder andere Körperteile als Kerzen, Münchner Luft in Dosen und die vielen lustigen Sprüche für Wand und Auto.

Die nächste Welle machte in Biedermeier-Nostalgie. Daß wir so fasziniert sind von einer Zeit, die als spießig und eng verteufelt wurde? Unsere modernen Frauen schmücken ihr Heim mit Jungfernkränzchen, Teepuppen und Nippes, und die Männer hängen Großvaterpfeifen an die Wand. Suchen wir die Romantik, die wir vorher so gründlich ausgemerzt haben?

Schnäbelnde Tauben, Maiglöckchen und Vergißmeinnicht in Seide, Trichtergramola und Küchengeschirr aus Omas Zeiten. Ja, hätten Sie das Gelump damals nicht weggeworfen, z. B. die alte Nähmaschine. Für einen Kanonenofen mit Rohr zahlt der Liebhaber jetzt Phantasiepreise.

Ernsthafte, nüchterne Geschäftsleute haben sich Puppensammlungen angelegt, das Stück für 5.000,– Mark. Kinderspielzeug aus Blech wird im Auktionshaus versteigert. Warum haben Sie das Schaukelpferd weggeworfen, das alte Kinderdreirad und das Badewandel aus Blech, ich versteh Sie nicht, das hätten Sie doch voraussehen müssen, daß sowas die sicherste Kapitalanlage wird. Aktien, Papiergeld und Pfandbriefe – ich meine die alten, ungültigen –, die hätten Sie kaufen sollen, nicht das neue Zeug. Und um Ihren Ärger voll zu machen, sage ich Ihnen, daß es Kupferpfennige gibt, die heute das Vierhundertfache und mehr wert sind. Sie können sich aber auch freuen, schadenfreuen, wenn Sie solche Pfennige aufgehoben haben. Nostalgie: oder die Wut über den weggeworfenen Pfennig.

Nostalgie ist ein Begriff der Moderne. Unsere Eltern haben noch nicht nostalgisch gedacht, wenn sie sich an früher erinnerten. Wenn sie mir zum Beispiel von ihrer Hochzeit erzählten. Sie haben während der letzten Inflationstage 1923 geheiratet. Mit dem Fahrrad sind sie zur Kirche gefahren, auf dem Gepäckträger einen Korb mit dem Brautschleier drin und Papiergeld. Der Geldwert hat sich damals fast stündlich geändert. Man rechnete in Millionen, Milliarden und Billionen. Halt wie unser Finanzminister heute.

Die Eltern wollten dem Pfarrer Steuern zahlen und Orgelspieler und die Ministranten vorher auszahlen, aber die haben erst nachher kassiert. Meine Eltern konnten sich mit dem Rest vom Geld nach der Trauung halt grad noch Schweinswürstel mit Kraut leisten und ein ganz trauriges Hochzeitsfoto. Ernst und gefaßt, aber voll Hoffnung blicken sie in die Linse. Es gibt ja kaum ein altes Foto auf dem die Leute lachen – oder auch nur schmunzeln. War Heitersein früher etwas Unwürdiges? Wollte man als ernster Mensch in die Familiengeschichte eingehen? Oder war man nur zu bestimmten Anlässen fröhlich? Fröhlichkeit war mehr den wohlhabenden Ständen vorbehalten, ja, und dem leichten Künstlervölkchen, das lebte ja außerhalb der Gesellschaft. Wenn zum Beispiel ein Maler kein Professor war, hat er sein Leben als spinnerter Schwabinger fristen müssen.

Schauspieler, wenn sie nicht den Titel Hofschauspieler hatten, waren eigentlich gar keine Menschen. Komödianten, Komiker, bestenfalls hat man ein Gspusi mit einer vom Theater gehabt, aber sowas in der Familie, um Gotteswillen »Kunnst ma net fünf Mark leihen« war ein beliebter Spruch vom Großvater. Er war Rentier und Realitätenbesitzer. Rentier war nicht Rentner, das war ein Mann, der von seinem Vermögen leben konnte, eigentlich von den Zinsen. Gewohnt hat man nach der Straße raus, Parterre oder erster Stock in der Belle Etage. Köchin und Hausmädchen wurden auf dem Land eingefangen. Die hatten nur einen Vornamen. Fanny, Leni, Kathi. In einer oft fensterlosen Kammer mit Bett, Schrank, Waschschüssel und einem Koffer haben sie gehaust.

Mißtrauische Herrschaften haben einmal in der Woche ihr Zimmer durchsucht, ob so eine Fanny nicht einen silbernen Löffel oder eine Bluse von der Herrschaft versteckt hat. Einen Freund durfte sie nur mit Genehmigung haben. Soldat, Schutzmann, Briefträger, Kaminkehrer, Trambahnschaffner waren so Fanny-Freund-Berufe.

Die Fanny war ein sogenanntes »Kocherl«. Sie hatte ihre eigene Sprache: »Knätige Frau, soll ich die Kravatte vom knätigen Herrn in den Kleiterschrank hineinhängen?« Gegessen hat das Kocherl nach der Herrschaft, in der Küche, wenn's nicht so schlau war, daß sie sich vorher beim Bratenschneiden ein schönes Stück in der Mitte herausgeholt und den Braten dann wieder zusammengeschoben hat. Die Fanny ist um fünf Uhr aufgestanden. Hat, wenn die Herrschaft gut war, mittags eine Stunde frei gehabt, dann hat sie durchgearbeitet, bis die Herrschaft ins Bett ist.

Wenn die Küche einen Eingang über den Balkon hatte, ist dann noch manchmal der Freund zum Fensterln gekommen. Am Sonntagnachmittag hatte sie Ausgang – nach dem Abspülen. »Knätige Frau, ich täte jetzt gehen, wenn Sie noch was bräuchten.« Eine gute Gnädige hat ihr manchmal einen ausrangierten Hut oder ein Handtascherl geschenkt, und so ausstaffiert ist sie mit dreißig Pfennig, Kamm und Spiegel, Taschentuch und Rosenkranz zum Tanzen gegangen. Wenn sie schüchtern war, mit einem anderen Kocherl vom Haus.

Die Herrschaft hat nach dem Mittagsschlaf Besuch gekriegt von Verwandten. Mohrenkopf, Schlotfeger oder Erdbeerkuchen dazu. Nach dem Klavierspiel der Tochter hat man über die Verwandten geredet, die heute nicht da waren. Abends kalte Platte, weil die Fanny beim Tanzen war.

Ganz brave Kocherl sind nicht oft zum Tanzen gegangen. Die haben in jeder freien Stunde Handarbeiten gemacht und an der Aussteuer gearbeitet. Überhandtücher für die Küche mit aufmunternden Sprüchen wie:

Wer rastet, der rostet.
     Müßiggang ist aller Laster Anfang.
       Morgenstund hat Gold im Mund.
         Ohne Fleiß kein Preis.
           Spare, lerne, leiste was,
              dann hast Du, bist Du, kannst Du was.

Nach diesen Sprüchen hat das Kocherl gelebt, gearbeitet und gespart, für die Ehe.

Wenn es gscheit und standhaft war, hat es den Ehemann noch vor dem Kind gekriegt. Er mußte der Herrschaft vorgestellt werden. Meist war man, wenn die Fanny eine gute Köchin war, dagegen: »Überlegen Sie sich das, was haben Sie denn als Frau, den ganzen Tag Arbeit und dem Mann den Dienstboten machen.« Als ob sie als Kocherl was anderes getan hätte.

Nach dieser Unterredung hat die Fanny meist geweint, weil sie so undankbar war. Aber das hat sie auch im anderen Fall – im schlimmeren, wenn die Fanny in der Hoffnung war. Meist ist ihr sofort gekündigt worden. Sie war bestenfalls noch eine literarische Vorlage für Romane, Theaterstücke und traurige Lieder.

Die Herrschaft hat sich auf dem Land oder über die Dienstbotenvermittlung ein neues Kocherl gesucht. Daß man sich nicht umgewöhnen mußte, hat man die neue auch Fanny genannt, obwohl sie auf Kathi getauft war. Ihr wurde auch immer wieder gesagt, daß die Fanny vorher viel fleißiger war und viel besser gekocht habe, daß überhaupt früher alles besser war. Von Nostalgie hat man damals aber noch nichts gewußt.

Während des Krieges und auch danach hat die Fanny eine große Aufwertung erfahren. Sie wurde zeitweise die wichtigste Person, der Mittelpunkt der Familie. Sie hieß ab jetzt Fräulein Fanny, man kannte auch plötzlich ihren Familiennamen, man hat auch ihre Eltern besucht, denn die Fanny war vom Land. Ja, die dritte Tochter eines Bauern. Die Herrschaften haben die braven Eltern besucht. »Ja, ist es da herauße schön bei Ihnen und so friedlich und auch sonst . . . die lieben Kühe, die so gute Milch geben, und die netten Hühnchen und Gänse haben Sie auch und de Sau, sowas Appetitliches, wann schlachten Sie denn? Da müssen Sie uns fei in der Stadt besuchen, gell Fräulein Fanny, Ihre Eltern besuchen uns, und dann gehen wir ins Volkstheater oder in die Operette. Wann schlachten Sie denn die Sau?«

In dieser Zeit hätte die Fanny drei Freunde haben dürfen, sogar einen Ami, wenn's nicht zu auffällig war, und auch meinetwegen einen Schwarzen, wenn's unbedingt sein muß, sind ja auch brave, saubere Menschen drunter. »Überhaupt sind wir eine Familie, eine große, wir müssen zusammenhalten.« Aber leider ist die Fanny mit ihrem Joe nach USA und hat nicht ein Packerl geschickt, des undankbare Luder.

Der Bub Walter Sedlmayr hat in diesen Jahren gemerkt, daß nichts in Ordnung ist auf der Welt. Statt ins Heilige Land, wie's der Vater vorgehabt hatte, sind wir nach Maria Eich gepilgert und haben gebetet, daß das Dach über'm Kopf ganz bleibt.

Maria hatte aber viel zu tun, damals, sie konnte nicht allen helfen. Das Dach brannte ab – man war glücklich, daß der Rest vom Haus noch stand. Später fiel auch das Haus zusammen, aber man lebte noch. Durch München konnte man durchschauen von den Ruinen des Hauptbahnhofs bis zu den Ruinen des alten Rathauses am Marienplatz, und kein Mensch hatte die Phantasie, sich vorzustellen, daß dies wieder eine Stadt wird. Und wir, wir sind ganz zuletzt noch Helden geworden – als Flakhelfer der Luftwaffe.

Ich hatte die ehrenvolle Aufgabe, als solcher die Hauptstadt der Bewegung München von Berg am Laim aus zu verteidigen.

An einem Nachmittag wurden wir von der Schule aus zu einer Flakstellung verfrachtet. Gleich in der ersten Nacht war ein Angriff auf München. Ich bin in der Stellung rumgeirrt und hab geglaubt, jeder Schuß wäre eine Fliegerbombe und hab ganz unheldenhaft in die Hosen gemacht. Es war aber noch meine zivile, denn eingekleidet wurden wir erst am nächsten Tag. Feindliche Flugzeuge habe ich in meiner militärischen Laufbahn keines abgeschossen, ich kam in die Telefonzentrale.

Im letzten Kriegswinter wurde ich noch Panzerjägerschütze. Da wir aber zur Ausbildung keine Panzer mehr hatten, auf Infanterie umgeschult. Ich wurde an die Ostfront

geschickt, per Bahn. Vorsichtshalber bin ich mit Gitarre und einer alten Reiseschreibmaschine gereist. Die Gitarre war der Grundstein zu meiner Karriere – als Leiter einer kleinen Kapelle. Da war man schon ein bißchen privilegiert, und durch die Schreibmaschine wurde ich zum Gehilfen in der Schreibstube der Kompanie. Ich beherrschte damals das Dreifingersystem, heute arbeite ich mit vieren. Nach einigen Wochen begann der letzte große Angriff der Russen, da bin ich ganz unheldenhaft mit 23 Kameraden-Buben abgehauen, stiften gegangen. Offiziell wurde ich fahnenflüchtig, und heute bin ich noch stolz auf diese Heldentat, denn zum Davonlaufen brauchte man Mut damals, das war auch lebensgefährlich.

Monatelang waren wir auf dem Weg durch Sachsen, Böhmen, den Bayerischen Wald, nach München. Zwei Tage vor den Amerikanern waren wir da. Die Mutter hat mich gefragt, ob ich was zu essen mag, und der Vater wollte wissen, ob ich die Reiseschreibmaschine wieder mitgebracht hätte. Jawoll und die Gitarre. Die war damals wieder der Grundstein für eine Kapelle, aber das kommt erst.

Zuerst kam das Organisieren. Münchens Vorratsspeicher wurden geplündert. Die Bewacher waren abgezogen, und die ausgehungerten Leute haben gesehen, was man ihnen alles nicht zugeteilt hat. Sie haben im Wein gebadet. Ganz Schlaue sind natürlich gleich mit einem Wagerl losgezogen. Meine Beute war ein ganzes Radl Emmentaler, ich hab den Käse heimgerollt. Mit der Säge haben wir ihn geteilt. Das war unser Kapital beim Einzug der Amerikaner.

Es kam dann Einquartierung. Zwölf Mann, darunter ein paar Schwarze, damals noch »die Mohren«. Denn bis dahin kannte man die Schwarzen aus dem Kripperl und der Völkerschau auf dem Oktoberfest. Die Leute haben aus den Trümmern gegraben, was sie noch hatten und die Erinnerung an das, was sie nicht mehr hatten. Wer ohne Verwandte in Amerika oder auf dem Land war und ohne GI als Hausfreund, hat Bilder aus amerikanischen Magazinen ausgeschnitten, sie aufgeklebt und angeschaut. Und von einer Zeit geträumt, in der es alles gibt und man alles kaufen kann, und jetzt haben wir diese Zeit und sind wieder nicht zufrieden. Jetzt reden wir, wie schön es früher war, als man sich über die kleinen Dinge freuen mußte, weil es die großen nicht gab.

Man reiste viel damals zum Hamstern. Da hatte jeder seine Geheimtips. Die wurden so gehütet, wie heut ein guter Schwammerlplatz. Aber was man mitbrachte, war meist nicht viel: ein paar Kartoffeln, ein Stück Brot. Das hat man dann mit Heißhunger vertilgt und dabei geträumt von den guten Sachen, die man sich leisten wollte, wenn wieder einmal bessere Zeiten kommen würden – wenn. Zum Beispiel Ente in Orangensauce.

130

Ente in Orangensauce

Die Ente waschen, innen und außen gut trocknen. In einen Bräter zwei Eßlöffel Schweinefett, das Rohr auf höchste Stufe stellen. Wenn eine Ente zu stark entelt, soll man die zwei Drüsen am Schwanz . . . na, eine Ente hat keinen Schwanz. Eine Ente hat einen Bürzel . . . also am Bürzel herausschneiden. Innen und außen salzen und pfeffern, dann auf allen Seiten im heißen Fett gut anbraten und zudecken. Eine gelbe Rübe, eine Zwiebel, eine Lauchstange und zwei Knoblauchzehen klein schneiden, um die Ente herum in den Bräter streuen. Zwei Lorbeerblätter dazu.

Mit einem Glas Sherry und guter Brühe aufgießen, noch einen Teelöffel Thymian dazu. Das soll nun 15 Minuten sehr heiß braten, dann die Temperatur herunterregeln auf gut mittel. Die Ente müßte nach ca. weiteren 45 Minuten fertig sein. Natürlich immer wieder mit dem Bratensaft übergießen. Jetzt die Ente im ausgeschalteten Rohr zugedeckt nachziehen lassen. Während dieser Zeit das Wichtigste, die Sauce machen.

Bratensaft mit Gemüse durch ein Sieb, den Saft von drei bis vier Orangen dazu, eigentlich sollte eine bittere dabei sein, aber die kriegt man bei uns schwer. Nehmen Sie als Ersatz einen Eßlöffel Orangenmarmelade. Die Sauce auf ein Drittel einkochen lassen, etwas guten Essig dazu und die sehr fein geschnittene Schale einer ungespritzten Orange. Wahrscheinlich müssen Sie noch mit Salz und Pfeffer nachwürzen. Die Sauce darf jetzt nicht mehr kochen. Zuletzt eine Portion kalte Butter mit dem Schneebesen einrühren. Ente und Sauce getrennt servieren.

Kartoffelknödel passen eigentlich zu dieser Ente weniger. Wenn's unbedingt sein müssen, gekochte Kartoffelknödel, wenig Muskat, oder am besten wären Serviettenknödel. Aber die traue ich mir nicht zu empfehlen, weil sie die ersten fünf Mal mißlingen. Aber wenn Sie Zeit, Geduld, Assistenz und altmodische weiße Servietten haben, probieren Sie's. Ein Verwandter der Dampfnudel.

Wir stellten uns sehr schnell auf die neue Lage ein. Ich gründete wieder eine Kapelle: Klavier, Saxophon und Gitarre, später kam noch eine Harmonika dazu. Die Mutter hat das Vernünftigste gemacht und gekocht. Der Vater hat sich hauptsächlich gefürchtet. Ich hab musiziert, gesungen und gegessen. Mein liebstes amerikanisches Menu war: eine Büchse Ham-and-Eggs, darüber eine Dose Schokoladensirup. Den ersten Kaugummi hab ich gegessen.

Aus Milchpulver, Trockenei und Kartoffelschnaps brauten wir Eierlikör, und dann hatten wir ja den Emmentaler. Einige Wochen haben wir wie die Maden im Speck gelebt. Leider sind bald unsere nahrhaften Besatzer wieder ausgezogen. Sie haben aber einen Karton Rosinen und eine Regulator-Uhr mit Schlagwerk, die sie irgendwo requiriert haben, dagelassen. Der Regulator war der Grundstock für mein Geschäft als Tauschhändler.

Überhaupt hat man sehr viel Zeit für Tauschgeschäfte gebraucht. Ich habe einen Armee-Fallschirm getauscht gegen einen Regulator mit Schlagwerk. Meine Mutter hat Blusen drausgemacht, es war Seide. Die erste wurde getauscht gegen Nähfaden für die weiteren. Zwei für eine Stange Zigaretten, das war schon eine Säule, von der man einen Monat leben konnte. Eine für Nägel, um Ställe für Kaninchen zu bauen. Die Kaninchen haben sich als Dauerinvestition für zwei Jahre erwiesen.

Die restlichen Blusen habe ich auf dem Schwarzen Markt am Sendlingertorplatz vertauscht. Fünf Tafeln Schokolade, als Macherlohn für die Mutter, der Vater hat nix kriegt, der durfte von unseren Transaktionen nix wissen, der hat so viel Angst g'habt. Der Tausch auf dem Schwarzen Markt hat aber selten direkt funktioniert. Das war ein Ringtausch. Aus der Bluse wurde erstmal ein Bierseidel, das tauschte man gegen hundert Dosen Schuhcreme, natürlich aus amerikanischen Armeebeständen, aus denen wurde eine Flasche Whisky, auch von den Amerikanern. Diese verwandelte sich . . . in, ja eines Tages habe ich plötzlich eine Tasche mit einem kompletten chirurgischen Besteck gehabt. Ich hab' mir damals ernsthaft überlegt, ob ich Arzt werden soll. Tagelang hat es gedauert, bis daraus eine Armbanduhr geworden ist. Jetzt hatte ich eine Stange Zigaretten, eine Armbanduhr und Stallhasen mit der Aussicht auf Nachkommenschaft. Damit konnte man fast ein Geschäft eröffnen.

Eigentlich wollte ich nach Kriegsende studieren und was Anständiges lernen. Aber ich hab ja keine Zeit g'habt, dazu, ich mußte ja schwarz handeln, und drum mußte ich später Schauspieler werden. Für junge Leute war damals der Start ins Leben viel einfacher als heute. Denn so ziemlich jeder mußte von vorn anfangen. Und jeder hatte die

Hoffnung, daß es besser wird, weil schlechter hätt's ja nimmer wern können. Das Leben miteinander war unkompliziert, man brauchte sich. Sollte der Mensch tatsächlich so gebaut sein, daß nur in Notzeiten die guten Eigenschaften zum Tragen kommen?

Jetzt wird argumentiert, damals hätte man gewußt wofür, man hätte eben Hoffnung, ein Ziel gehabt. Für den einen war's das eigene Haus, eine sichere Existenz, und Wohlstand, Familie. Dreißig Jahre hat man gestrampelt, diese Ziele zu erreichen. Viele haben sie erreicht, manchmal atemlos und müde, wie Marathonläufer. Und statt Beifall empfängt uns der Vorwurf: »Ihr habt es falsch gemacht!« . . .

Ideale haben wir, glaube ich, nicht mehr gehabt als die Jungen heute. Aber wir haben die Chance gehabt, weil alles kaputt war, und wir haben, wie man so schön sagt, gewußt wofür. Jedenfalls haben wir das geglaubt. Daß wir uns heute eingestehen müssen – wenn wir ehrlich sind – daß vieles gar nicht so ideal geworden ist, daß wir einen Teil unserer Welt unbewohnbar gemacht haben für die nächsten Generationen, darüber sollten wir doch gelegentlich nachdenken.

Aber Leute, die sich Gedanken machen, ob es richtig ist, immer mehr Kunstdünger, Insektengifte und Chemie einzusetzen, werden als Spinner, als hoffnungslose Idealisten angesehen.

Auf der anderen Seite liest man mindestens einmal in der Woche von der Entdeckung einer neuen Gefahr für Leben und Gesundheit. Ein Glück, daß ein Teil der Menschen sich mehr für die Sportseite und den Englischen Königshof interessiert. Sie würden sonst Vegetarier. Kein Ei, kein Obst, kein Gemüse mehr essen. Sich nur noch von Spaghetti mit Käse ernähren. Halt, na, da sind Eier drin, angeblich. Und die Milch, da weiß man ja auch nicht. Ja, und das Wasser, in dem die Spaghetti kochen, das ist ja auch kaputt. Das größte Problem soll das Wasser werden, habe ich heute früh gelesen. Die tägliche Zeitung als Apokalypse.

Um das Unglück voll zu machen, werden die alten Prophezeiungen, die natürlich immer nur schlecht sind, neu bearbeitet und gedeutet. Was uns Nostradamus und der Mühlhiasl und die anderen Propheten voraussagen, danach müßte sich eigentlich jeder Mensch ins Bett legen, um zu beten und zu warten, bis sie auseinanderbricht, diese Welt, die eigentlich so schön ist – oder war, sagt der Nostalgiker. Pessimismus ist in, Hoffnungslosigkeit das Zeitgefühl. An der Verbreitung des Pessimismus arbeiten alle fleißig mit, die Politiker, Autoren, Wirtschaftler, sie wollen ja auch alle in bleiben. Was einem nicht selber einfällt an Weltuntergangsprophezeiung, holt man aus verstaubten Folianten und frisiert es auf den neuesten Stand. Die Verbreitung von Pessimismus ist ein gutes Geschäft. Der Waldhirt Stormberger wäre heute ein Bestsellerautor und hätte nicht arm sterben müssen.

»Oh, ihr lieben Leute, es wird eine Zeit kommen, da werden die Leute alleweil gescheiter und narrischer werden«, so fängt er an. Das paßt immer. Dann droht er denen, die ihm nicht glauben: »Wenn ihr wüßtet, was euch und euren Kindern und Kindeskindern bevorsteht, ihr würdet in Schreck vergehen.« Doch, ein Funken Hoffnung bleibt uns, er läßt die Menschheit weiterexistieren. Da sagt er: »Die Leute werden aber alleweil mehr statt weniger.« Weiter: »Das Geld wird keinen Wert mehr haben.«

»Die hohen Herren machen Steuern, die keiner mehr zahlen kann.« Also bitte, der Beweis, wir sind kurz vor der prophezeiten Endzeit. Und wer es nicht glaubt, soll seinen Steuerbescheid anschauen.

»Die Männer werden sich tragen wie die Weiberleut und die wie die Mannsbilder. Man wird sie nimmer auseinander kennen.« Na bitte, Discolook.

»Die Bauern werden hohe Zäune ums Haus machen und auf die Leute schießen und Steine zu Brot backen. Es wird aber nicht lange dauern, denn wenn das alles eingetroffen ist, kommt das große Abräumen. Das Bayernland wird verheert und verzehrt.«

So, jetzt wissen wir es genau, man muß auswandern. Das wollen wir doch hören, das paßt zu unserem Zeitgefühl. Es folgt ein kleiner Hoffnungsschimmer, es wird aber weitergehen, wenn die Leute geläutert sind, kommt wieder eine gute Zeit, denn wer noch lebt, kriegt ein Haus geschenkt und Grund, soviel er mag. Aber das nützt ihm nicht viel, denn dann prophezeit er das Ende der Welt. Ein anderer Waldprophet meint es besser mit uns, er sagt: »Recht wird wieder Recht sein, und der Friede wird tausend Jahre gelten.«

Die Goldene Zeit war immer eine Generation vorher. Es müßte also auch unsere Zeit folgerichtig einmal eine Goldene Zeit werden. Da bin ich neugierig, ob ich das noch erlebe.

Ob man früher auch besser gegessen hat, weiß ich nicht – wahrscheinlich. Auf jeden Fall mehr. Deshalb jetzt zwei nostalgische Rezepte, das erste aus der gehobenen bürgerlichen Küche. Wenn S' einmal sehr viel Zeit und Lust auf etwas besonders Delikates haben, probieren Sie es:

Gelbe-Rüben-Torte

Man nehme: 300 Gramm Zucker werden mit 6 Eidottern schaumig
gerührt. Dann 300 Gramm mit der Schale geriebene süße Mandeln
und 250 Gramm geriebene gelbe Rüben in den Teig rühren.
Ca. 50 – 100 Gramm Mehl mit etwas Backpulver dazu und die
gehackte Schale einer Zitrone.

Ganz zuletzt den Schnee von 6 Eiern drunterheben. In einer runden Springform bei mäßiger Hitze backen.

Nach dem Abkühlen die Torte mit Aprikosenmarmelade, die man mit Marillengeist verdünnt, einstreichen, trocknen lassen. Dann Marzipanmasse – mindestens ein halbes Pfund – dünn auswalken und die Torte umhüllen. Garnierung nach Phantasie, z. B. mit kleinen Marzipanfrüchten aus dem Laden. Wichtig ist: die fertige Torte mindestens zwei Tage im Kühlen stehen lassen, damit sie saftig wird.

Und jetzt noch was, das zwar jeder kennt, aber heute nicht mehr jeder kann:

Knöcherlsulz

Man nehme, bzw. man kaufe Schweinsfüße, Schweinsohren, -bak-
ken und, wenn man mag, -schwanzerl. Gut rasieren, gnädige Frau,
und die Füße in Stücke hauen lassen. Man kocht das Fleisch in
Essig- und Salzwasser mit Lorbeerblatt, Nelken, Pfefferkörnern,
Zwiebeln, Zitronenschale, Suppengrün, gelben Rüben und einer
roten Paprikaschote. Die gelben Rüben und den Paprika früher
rausnehmen. Wenn das Fleisch weich ist, abkühlen lassen und auf
Teller oder in Formen verteilen, mit dem Gemüse verzieren.
Den Sud noch weiter einkochen lassen. Wer gerne eine feste Sülze
mag, soll noch einen Kalbsknochen mitkochen – natürlich einen
Fuß. Zuletzt Fett abschöpfen und die warme Brühe über die Knö-
cherl gießen – etwas für den Sommer.

XII. Von der Einfachheit und Nieren in Sherry

Vor einigen Monaten hat mir eine Frau geschrieben: »Ich bin eigentlich schon zu alt fürs Leben...« und sie erzählt weiter, daß sie in einem Haus mit 14 Parteien wohnt, aber alle nur vom Grüßen kennt, und die Leut immer schnell an ihr vorbeigehen, damit sie nicht reden müssen. Ein langer Brief mit einer Schrift, wie man sie in alten Poesiealben findet. Bei uns war das einmal ganz einfach. Wenn einer mit dem anderen reden wollte, hat er angefangen: »Sodala...« oder: »Herr Nachbar... mei, sei tuats was, es is halt a Kreiz.« Und der andere hat gewußt, der möcht reden.

Da wir uns immer schwerer verstehen, jede Generation und Berufsgruppe ihre eigene Sprache spricht, könnten wir auch wieder anfangen, uns einfacher auszudrücken. Den Ärzten allerdings werden wir das wohl nie beibringen, nämlich verständlich zu sagen, was uns fehlt. Der Bauer im Krankenhaus hat völlig recht gehabt, als er meinte: »Und jetzt, Herr Doktor, sagen Sie mir bittschön auf deutsch, wann ich sterben muß.«

Fernsehen, Film und Theater haben auch eine eigene Sprache. Das meistgebrauchte Wort nach »Kunst« ist »Scheiß«. Die zwei Worte zusammengesetzt werden allerdings für Produktionen der anderen benützt, denn selber macht man nur Kunst, oder Antikunst, Popkunst, Deco-, Subkunst, je nachdem. Die Je-nachdem-Kunst muß jetzt den Kunstkonsumenten vermittelt werden, damit sie sich mit dem Produkt kritisch auseinandersetzen können. Das funktioniert nur, wenn die in der Lage sind, ihre Existenz ständig in Frage zu stellen, auch die der Welt und der Kunst natürlich auch. Sie müssen über die neuen kunstästhetischen Trends, die Thesen und Antithesen informiert sein. Nur so erleben sie einen vollkommenen Kunstgenuß – aber das sollen die gerade nicht als Publikum, denn Kunst genießen ist out. Kunst wird aufgenommen, umgesetzt, verarbeitet, bestenfalls erlebt. Also so einfach eine Theaterkarte kaufen, ein schönes Gewand anziehen und für seine 25 Mark zwei Stunden Vergnügen zu haben, oder wenigstens einen Ärger, das langt nicht mehr – höchstens für die Oper, aber da kostet es mehr.

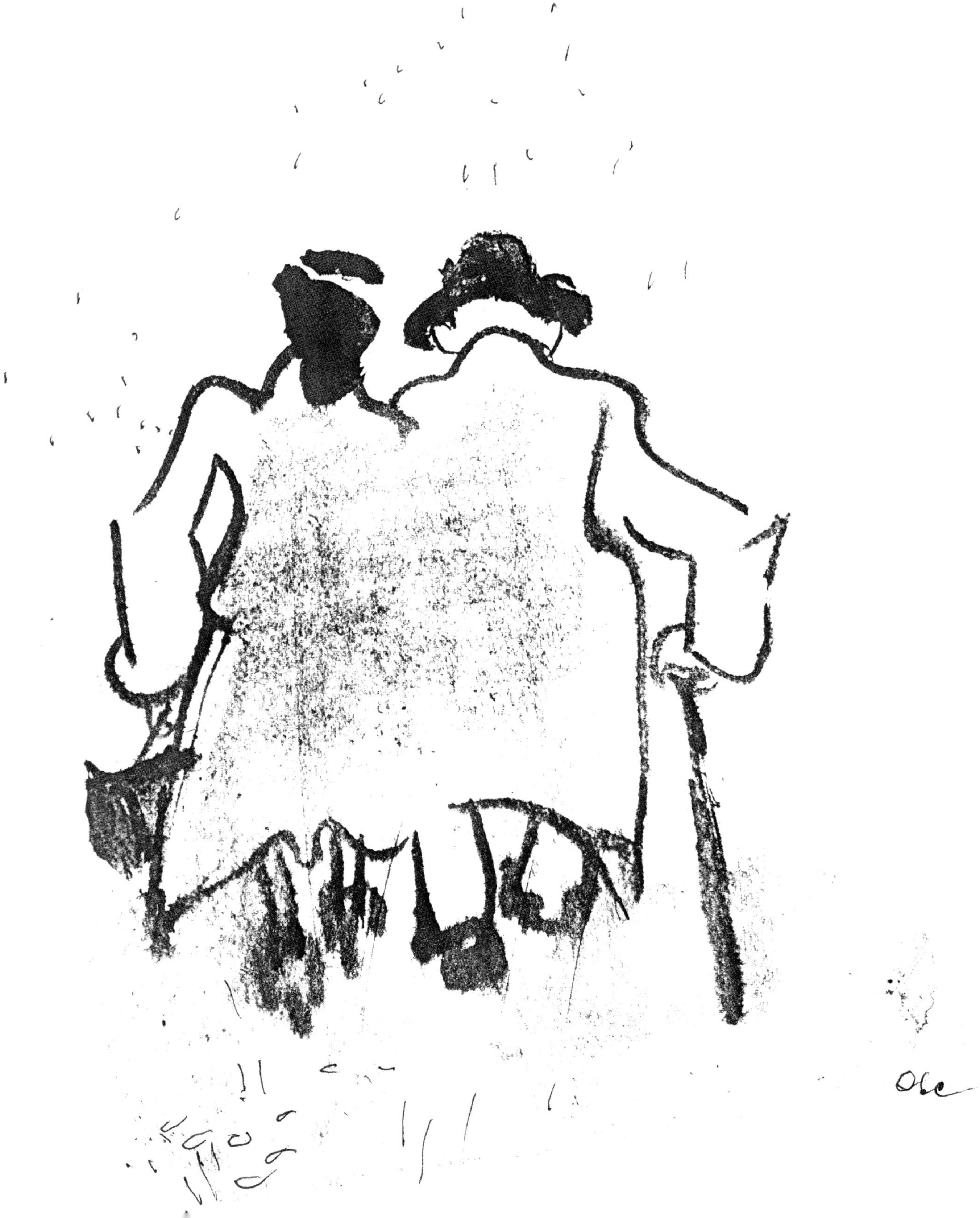
Ole

Einmal im Jahr, als Festgeschenk zu Weihnachten, sind wir als Kinder in die Oper, zweiter Rang Seite rechts, Rücksitz. Ich kannte jede gängige Oper, aber nur die linke Hälfte. Darum setze ich mich jetzt, wenn ich in die Oper muß, links und schau die rechte an. Viel später habe ich so gesehen, daß der Lohengrin mit einem Schwan wegschwimmt, daß die Carmen erstochen wird, und wohin die Tosca springt, wenn sie so schreit.

Schauspieler beneiden ja oft die Opernsänger. Nicht nur, weil sie mehr verdienen, nein, weil sie sich nicht mit jeder Kunstmode herumschlagen müssen und das singen dürfen, was in der Partitur steht. Aber dick dürfen sie nicht mehr sein. Als Opern-Bub ist mir Tiefland unvergeßlich. Der Tenor, ein Kleiner, hat sehr schön gesungen, danach seine Partnerin, gute zwei Zentner, wie ein Gewichtheber gestemmt und in die Kulisse abgetragen. Damals wollte ich Opernsänger werden, weil ich auch dick war. Ein Kammersänger, der Kunde im Zigarettenladen von meinem Vater war, hat sich bereit erklärt, mir das Singen beizubringen. Zwei Stunden im Monat für fünf Mark, das war sehr viel Geld damals. Naja, der war ja auch Kammersänger. Aber der Vater hat so gerechnet: Das sind zehn Mark im Monat. Der Kammersänger kauft jeden Tag zwei Zigarren für dreißig, dann Weihnachten ein Kisterl extra, schenkt uns zwei Freikarten im Jahr, das geht grad so aus.

Mein Vater hat die Menschheit in zwei Gruppen eingeteilt: Kunden und andere, die keine waren, die waren leider mehr. Nur mit Kunden wurde verkehrt, eingekauft durfte nur bei Kunden werden, zum Beichten sind wir zu einem Kapuziner, der seinen Schnupftabak bei uns im Laden gekauft hat. Eines Tages, wie der Kapuzinerpater mit dem Schnupfen aufgehört hat, sind wir auch nicht mehr zum Beichten.

Die Kunden wurden wieder eingeteilt: in die »bessern Herrschaften« und die »normalen Leut«. Die besseren waren ein Herr Oberst, Baron, Postrat, Professor, einige gnädige Frauen, Witwen und eine Lebedame mit Vergangenheit. Da sie aber Zigaretten mit Goldmundstück rauchte, eine Schachtel am Tag, war auch sie eine Gnädige und kein Luder. Den Gnädigen mußte ich immer die Tür aufmachen, auf Wiedersehen, gnädige Frau, und beehren Sie uns recht bald wieder. Manchmal habe ich dafür ein Fünferl gekriegt. Die Lebedame hat einmal im Monat auf Vorrat eingekauft. Das habe ich in die Wohnung geliefert für ein Fuchzgerl und ein Glas Himbeersaft. Sechs-Zimmer-Wohnung, Dienstmädel und Köchin. In ihrem Schlafzimmer stand eine goldene Gondel mit Spitzenbaldachin als Bett und im Salon Palmen und Jungfrauen in Marmor. Die

Lebedame trug nur Schwarz, Hut und einen Schleier mit Punkten bis zur Nase, wie die Marlene Dietrich. Normale Leut waren solche wie wir, die haben sich die Tür selber aufmachen müssen.

Und wenn man sich noch ein bisserl weiter zurückerinnert, war selbst der Umgang mit Behörden, der uns heut so viel Kummer macht, eine einfache Sache.

Mein Urgroßvater war Metzger, neun Kinder, daher leide ich heute noch an einer verbreiteten und zahlreichen Verwandtschaft. Der Urgroßvater mit den vielen Kindern, wenn's da ans Steuern zahlen gegangen ist, da ist einer vom Magistrat gekommen und hat zuerst einmal eine Wurst gekriegt. Dann hat man über die schlechten Zeiten gejammert, inzwischen hat die Urgroßmutter die neun Kinder zusammengefangen, der Reihe nach aufgestellt und geschimpft, bis sie geweint haben. Sie hat auch geweint, und dann hat der Beamte vom Magistrat gesagt: »Wieviel könnt ihr denn bezahlen?« Der Urgroßvater hat nicht geweint, aber nur stumm den Kopf geschüttelt und auf die Kinder gedeutet. Es hat nochmals eine Wurst gegeben, und danach hat man die Steuer ausgehandelt. Irgendwo in der Mitte hat sich der Magistrat mit dem Metzgermeister geeinigt.

Der Spruch vom Urgroßvater soll gewesen sein: »So geht's nicht mehr weiter, früher war alles viel besser.« Dieser Satz begleitet die Menschen durch ihre Geschichte. Verklärung der Vergangenheit, Unzufriedenheit mit der Gegenwart und Angst vor der Zukunft. Möglich, daß das so sein muß, daß das von dem, der uns Menschen erfunden hat, eingeplant war. Möglich, daß wir Unzufriedenheit und Angst brauchen, um weiterzustrampeln – wahrscheinlich eine sehr spießige, kleinbürgerliche Ansicht. Und noch dazu so unkritisch, unreflektiert dahingesagt. Halt unwissenschaftlich.

Neulich habe ich für die Bundespost einen Film gedreht. Dabei habe ich eine ganz neue Sprache gelernt: das Amtsdeutsch der Post. Ein Briefmarkenautomat heißt da »Postwertzeichenheftchengeber«. Wie ein Geheimpapier wurde mir ein Merkblatt zugespielt. Ich zitiere:

»In Dienstanfängerkreisen kommen immer wieder Verwechslungen der Begriffe Wertsack, Wertbeutel, Versackbeutel und Wertpaketsack vor. Um diesem Übel abzuhelfen, ist das folgende Merkblatt dem § 49 der ADA vorzuheften:

Der Wertsack ist ein Beutel, der auf Grund seiner besonderen Verwendung im Postbeförderungsdienst nicht Wertbeutel, sondern Wertsack genannt wird, weil sein Inhalt

aus mehreren Wertbeuteln besteht, die in den Wertsack nicht verbeutelt, sondern versackt werden. Das ändert aber nichts an der Tatsache, daß die zur Bezeichnung des Wertsackes verwendete Wertbeutelfahne auch bei einem Wertsack mit Wertbeutelfahne bezeichnet wird und nicht Wertsackfahne, Wertsackbeutelfahne oder Wertbeutelsackfahne.

Sollte sich bei der Inhaltsfeststellung eines Wertsackes herausstellen, daß ein in einen Wertsack versackter Versackbeutel statt im Wertsack in einen der im Wertsack versackten Wertbeutel hätte versackt werden müssen, so ist die in infrage kommende Versackstelle unverzüglich zu benachrichtigen. Nach seiner Entleerung wird der Wertsack wieder zu einem Beutel, und er ist auch bei der Beutelzählung nicht als Sack, sondern als Beutel zu zählen.

Bei einem in einem Ladezettel mit dem Vermerk »Wertsack« eingetragenen Beutel handelt es sich jedoch nicht um einen Wertsack, sondern um einen Wertpaketsack, weil ein Wertsack im Ladezettel nicht als solcher bezeichnet wird, sondern lediglich durch den Vermerk »versackt« darauf hingewiesen wird, daß es sich bei dem versackten Wertbeutel um einen Wertsack und nicht um einen ausdrücklich mit »Wertsack« bezeichneten Wertpaketsack handelt.

Verwechslungen sind insofern im übrigen ausgeschlossen, als jeder Postangehörige weiß, daß ein mit Wertsack bezeichneter Beutel kein Wertsack, sondern ein Wertpaketsack ist.«

Hoffentlich sind jetzt die Herren von der Post nicht beleidigt – aber hat er nicht recht gehabt, der Urgroßvater? Und weil uns die Fähigkeit zur Einfachheit im Denken und Reden so verlorengegangen ist, hier ein nicht ganz einfaches, aber sehr delikates Rezept:

Nieren in Sherry

Da können Sie ruhig Schweinsnieren nehmen, der strenge Geschmack geht völlig weg. Die Nieren gut waschen und in Milch legen, wie wir es von der Mama gelernt haben, das Innere entfernen und nicht zu dünn schneiden. In Bratfett oder Butter stark anrösten.

Mit Salz, Pfeffer, Rosmarin oder Salbei, Zitronenschale – bei mir kommt immer viel Zitrone vor – und Zwiebeln würzen. Dann erst mit Mehl stäuben, also bis jetzt fast wie saure Nieren machen. Mit einigen Gläsern trockenem Sherry aufgießen und köcheln lassen. In einer anderen Pfanne grünen Paprika anrösten und später Würfel von gekochten Kartoffeln dazu. Wenn die Nieren fertig sind, nach ca. 20 Minuten (sie sollen noch Biß haben), Rahm oder Butter drunterziehen. Dann mit Paprika und Kartoffeln servieren. Ein kühles Pils dazu, herrlich – Sie wissen ja, welches ich meine.

Nach der Zeitungslektüre in der Früh wundert man sich eh, daß man noch lebt, nicht am Essen vom Vortag gestorben ist. Man müßte eigentlich längst Vegetarier sein, aber auch Gemüse meiden. Von Milch und Milcherzeugnissen gar nicht zu reden. Eier? Um Gottes willen! Wein? Den Genuß von Genußmitteln aller Art versucht man ja schon seit Jahren zur Hebung der Volksgesundheit einzuschränken.

Jetzt hat die Werbung einen neuen Terror entdeckt: Sie droht mit Bakterien, die überall sind. Wissenschaftler erklären aber, noch gefährlicher wären die Mittel gegen die Bakterien. Das beruhigt wieder, denn man kann sich aussuchen, ob man am Gift eingehen will oder am Gegengift.

Und das Schöne ist, daß man uns noch die Schuld gibt, z. B. wenn Kälber gespritzt werden, ... ich meine, sie werden natürlich nicht gespritzt, aber wenn sie gespritzt würden ... wäre auf jeden Fall der Verbraucher schuld, weil er rosa Kalbfleisch verlangt. Mich hat noch kein Mensch gefragt, ob ich ein gespritztes Fleisch will, oder ein rosa, oder ein rotes. Ich erinnere mich aber, daß in meiner Kindheit Kalbsbraten was sehr Feines war und rosa. Zweimal im Monat, öfter hat es Kalbfleisch nicht gegeben. Aber die Auswahl war ja riesengroß. Eier haben nach Eier und nicht nach Fisch geschmeckt, obwohl die Hühner damals noch nicht glücklich waren, und ein Apfel wie ein richtiger

Apfel. So schön wie die heutigen Schneewittchenäpfel war er allerdings nicht. Dafür hat man auch die Schale essen können. Orangen konnte man abschälen, ohne eine Allergie zu kriegen. Und Kartoffel konnte man ohne Bedenken in einem ganz normalen Kartoffelladen kaufen.

Rosen haben nach Rosen, und Bettwäsche hat nach Seife gerochen, oder nach nichts, nur nach Luft. Damals hat die Luft aber auch noch nicht nach Tannenduft riechen müssen.

Mein Gott, haben wir als Kinder ein schönes sorgloses Leben gehabt!

Wenn man die ersten zehn Lebensjahre an den Klapperstorch, den Osterhasen und das Christkind glauben darf, zweimal im Jahr nach Maria-Eich und einmal nach Altötting kommt, Amerika von Karl May kennt, Venedig nur als Fotografie, Spanien als Mandarine und Afrika von der Völkerschau auf'm Oktoberfest, dann ist die Welt zwar sehr klein, aber überschaubar.

Wir haben als Kinder weniger gewußt, gehabt und gebraucht haben wir auch weniger. Ja, weil wir weniger gewußt haben.

Die normale Ausstattung eines Buben war ein Sonntagsanzug, meist der Kommunionanzug – viel zu groß, weil er fünf Jahre halten mußte –, ein Sonntagshemd und ein Matrosenanzug – den hat man ungern angezogen, weil er kindisch war. Dazu eine Matrosenmütze, die war noch kindischer. Die Hosen, abgeschnitten, wurden als Kurze getragen. Vier Paar lange Strümpfe mit Gummiband. Da hat man dann sofort den Gummi weg und sie als Kniestrümpfe getragen. Eine Lederhose, bei besseren Buben aus Leder, bei mir aus Imitation. Trachtenjanker, aus einem aufgetrennten Pullover vom Vater gestrickt. Hemden hat die Mutter genäht, Schuhe waren vom Onkel. Und von der Tante ein Fahrrad, gebraucht natürlich. Von der Großmutter hat man bei jedem Besuch fünfzig Pfennig und vom Großvater den Rat, dieses Geld zu sparen, bekommen. Ferien hieß die Zeit ohne Schule, da war man bei verwandten Bauern zum Arbeiten. Der Begriff Urlaub war nicht gebräuchlich. Streß und Leistungsdruck unbekannt, Zeugnisangst und Schulprobleme schon. Schwierigkeiten mit den Eltern und deren hoffnungslos veralteten Vorstellungen genauso, nur gesagt hat man es ihnen seltener.

Neid auf andere Kinder gab es kaum, vielleicht mehr Sehnsüchte und Wünsche, möglicherweise mehr Phantasie. Wenn ich jetzt vielleicht auch die Soziologen enttäusche: ich war kein unglückliches Kind.

Ich halte es für eine Ausrede, wenn behauptet wird, daß man alles mitspielen muß.

146

Wer zwingt uns denn? Die Familie? Die Nachbarn? Oder zwingt vielleicht die Furcht, etwas zu verpassen – einen Genuß, ein Wohlgefühl, ein Abenteuer?

Das schönste Abenteuer ist Zufriedenheit. Das heißt nicht, mit allem einverstanden sein, alles richtig finden. Ich meine aber, man sollte seine Möglichkeiten, seine Fähigkeiten bestimmen und dann versuchen, damit zu leben.

Das ist der Rat eines Dicken, der sich eines Tages damit abgefunden hat, daß er dick ist. Der jetzt auf Tätigkeiten und Anstrengungen verzichtet, die er nicht derschnauft.

XIII. Vom Grant und von der Freundlichkeit sowie der Kunst, nicht alles mit- und einen Kirschstrudel zu machen

Wenn man das Image hat als Grantler, wird immer erwartet, daß man irgendetwas losläßt, selbst wenn man bestens gelaunt ist. Da hat's ein lustiger Komiker leichter, der schaut in seinem Witzbuch nach, und das langt für den Tag.

Grant ist aber auch Entspannung und Erholung für den Komiker. Er hat's draußen in der Welt schon schwer genug mit dem Lustigsein. Von mir haben s' noch im Operationssaal einen Witz erwartet, obwohl ich vor Angst am liebsten davongelaufen wäre. Man schämt sich, wenn einem dann nichts einfällt und überlegt krampfhaft, was habe ich denn in ähnlichen Situationen schon gesagt. Aber ich war halt noch nicht oft im Operationssaal.

Was man sich dann alles vornimmt, die Wochen danach. Weniger arbeiten, mehr leben oder überhaupt nicht mehr arbeiten, Zeit haben. Sie wird ja immer knapper, die Zeit. Darum muß man auch schnell wieder gesund werden, und alle Vorsätze sind bald wieder vergessen. Fürs Zeit nehmen hat man dann immer noch Zeit – später.

Granteln soll was typisch Bayerisches sein: Eine eher pessimistische Lebenseinstellung, aus Vorsicht und um nicht enttäuscht zu werden. Aber wirklich ärgert sich der Grantler nie, außer über einen anderen Grantler. Mit Vorliebe besucht er Orte, wo es was zu granteln gibt: Ämter und Behörden, Geschäfte, Fußgängerzonen, Oper und Sportveranstaltungen, Faschingsbälle und Umzüge. Sehr beliebt beim Grantler ist das Fernsehen. Witterungsabhängig ist der Grantler nicht, da jedes Wetter für ihn ein Sauwetter ist. Bei Föhn fühlt er sich allerdings besonders wohl, weil die anderen Leut alle so grantig sind.

Wie wird man ein Grantler? Das ist Talentsache, das kann man nicht lernen, da hilft nur üben, üben, üben.

Als Ehemann paßt der Grantler gut zu einer sanften Frau, die sich früh entschlossen hat, schlecht zu hören, oder zu einer wehrhaften, die ihm gelegentlich einen Haushaltsgegenstand nachwirft. Als Hund kommt nur ein Dackel in Frage – dick.
Mein letzter war ein Rauhhaar, der mit 14 Jahren gestorben ist, das heißt, ich hab ihn

sterben lassen müssen. An seinem letzten Tag sind wir noch spazierengegangen, beim Metzger vorbei. Er hat sich Leber ausgesucht, vom Kalb. Dann sind wir ins Café und haben Schwarzwälder-Kirschtorte gegessen und dann zum Doktor. Aber doch nochmals ums Haus, und für die halbe Stunde Wartezeit waren wir recht dankbar.

Ich hab ihm gesagt, daß er mein schönster, gescheitester Hund war, und versprochen, daß er auch mein letzter war. Aber ich glaube, das hat er nicht mehr gehört.

Wenn in einigen Jahren die große Rauhtanne im Garten das Schicksal aller Tannen haben wird, findet man möglicherweise seine Leine und sein Halsband mit dem Schild »Moritz«. Und mit diesem einmaligen Hund sollte es jetzt ein neuer aufnehmen. Er hatte sämtliche Eigenschaften, die man uns Bayern nachsagt: Eigensinnig, launisch, manchmal grantig, hat nachgemault, wenn wer geschimpft hat. Er hat sich seine Leute selber rausgesucht und war unbestechlich – fast. Er hat sich ungern fotografieren lassen und ist drum auch nie im Fernsehen aufgetreten. Das haben wir immer abgelehnt.

Einmal kam ein Filmangebot: Werbung für Hundefutter. Ich hab blitzschnell überlegt, wieviel ich verlangen soll, da stellte sich raus, sie wollten den Moritz. Wir haben uns vorgestellt, es waren auch andere Dackel da, aber mit Protektion kamen wir in die engere Wahl. Das Luder hat sich ganz musterhaft betragen, war freundlich, Kopf hin und her, geschwanzelt, also alles gemacht, was von einem Dackel erwartet wird. Der Vertrag war perfekt. Im Hundesalon haben wir ein neues Halsband und Leine gekauft und sind zum Film.

Entweder war an diesem Tag Föhn, oder die Leute haben ihm nicht gepaßt, jedenfalls, der Versuch, ihn am Kopf etwas heller zu schminken, endete mit einem Biß. Erste Probe. Der Hund sollte seinen Herrn im Film anschwanzeln und dann zu dem Napf mit dem Büchsenhundefutter laufen, möglichst schwanzelnd. Fressen und dann bellen, daß er noch was möchte. Der Darsteller von dem Herrchen saß da, schaute runter zum Hund, der sich freuen sollte – haben die gemeint, daß der sich freut. Erst als ich mich neben die Kamera gesetzt und versprochen habe, gleich gehen wir heim, hat er geschwanzelt. Dann sollte die Hauptszene kommen. Hund sieht den Napf mit dem Büchsenfutter, rennt bellend zum Napf – hat er natürlich auch nicht gemacht. Ich habe ihn getragen, ihm das Zeug gezeigt, wieder weggetragen, dann hab ich ihm vorgespielt, wie er sich freuen soll. Der Hund hat das Fressen nicht einmal angeschaut. Zehn Leute sind am Boden gelegen und haben gewartet.

Die Büchsenfutter-Hersteller haben es dann noch mit einer anderen Mischung versucht; auch nichts. Also Pause. Jetzt wurde mit dem Taxi sein Napf von zu Hause

geholt. Ich hab ihm dann noch Korb und Decke kommen lassen. Nach einer Stunde ging es weiter. Die Kamera hat die Szene probiert, ich hab den Hund gedoubelt und versprochen, daß er das nachher ganz spontan und fröhlich macht. Dreh: Klappe. Der Hund mag nicht. Ich trag ihn wieder zum Napf, spiel ihm vor, wie er fressen soll, er schaut zu und wartet, daß ich das Zeug wirklich fresse. Halt, er mag so gern Gurkensalat, den haben wir dann druntergemischt. Da ist er dann hin und hat vorsichtig die Gurkenblätter herausgefischt, die angeblich so guten und mineralreichen Fleischbrocken daneben hingelegt. Als Antiwerbefilm wäre das großartig gewesen. Er war dann satt, hat sich in seinen Korb gelegt und hat geschlafen. Er wurde umbesetzt. Ein ganz magerer, ehrgeiziger junger Kollege hat seine Rolle übernommen. Bitte, kein Schauspieler soll glauben, daß er unersetzlich ist.

Neulich hätte ich beinahe einen Riesenkrach gehabt in einem Schallplattenladen. Erstmal habe ich schon den unverzeihlichen Fehler gemacht, daß ich den Titel der Platte nicht gewußt habe. Ich konnte die Melodie nur summen. Wir haben sie dann endlich gefunden. Eine schöne Hülle mit einem schönen Bild drauf, aber folienversiegelt. Jetzt hätte ich halt gerne gehört, was da drauf ist, auf der versiegelten Platte. »Aber da müssen Sie die Platte auch kaufen.«

»Na, das weiß ich erst, wenn ich sie gehört habe, ob sie mir gefällt.«

»Die Platte ist gut«, hat die Verkäuferin gemeint. Aber ich laß mich nicht so leicht einschüchtern.

»Sicher ist sie gut, es kann aber auch sein, daß sie mir trotzdem nicht gefällt, obwohl sie gut ist.«

Ich wurde in die Kategorie der schwierigen Kunden eingereiht und stehen gelassen. Dann habe ich es bei einer anderen Dame mit Demut probiert:

»Ich möchte gerne diese Platte.«

Sie meinte großzügig: »Ja, die können Sie haben.«

»Ja, das nehme ich an, da Sie ja ein Schallplattenladen sind, aber ich möchte sie vorher hören, ob sie mir gefällt.«

Sie: »Aber sie ist versiegelt.«

Ich: »Können wir die Hülle nicht aufschneiden?«

Sie: »Ja natürlich, aber dann müssen Sie die Platte kaufen.«

Jetzt werde ich bei der Einleitung »Da müssen Sie . . .« zum Beispiel »diese Nummer anrufen« oder »in den nächsten Stock gehen« oder »Da müssen Sie einen Antrag stellen« leicht gereizt. Da folgt meistens ein Kurzvortrag »müssen tun wir gar nichts, höchstens sterben, hat mein Vater immer gesagt«.

Nach einem weiteren Damenwechsel habe ich es geschafft. Ich durfte in die Platte hineinhören »ausnahmsweise, weil sonst jeder käme«. Ich hab sie gekauft, weil ich mich geschämt habe, daß ich so altmodisch war.

Der Käufer hat sich nach und nach fast alle Rechte nehmen lassen. Er darf eigentlich nur noch zahlen. Nach dem Preis fragen ist unfein, Obst, zum Beispiel eine Birne anfassen, ob sie nicht teigig ist, wird polizeilich geahndet. Im Lokal ist man noch großzügiger. Wenn man was beanstandet, braucht man es nicht essen, man muß es aber zahlen.

In einem Herrenkonfektionshaus hatte ich folgendes Erlebnis:

»Grüß Gott.«

»Guten Tag« – wie eine Rüge.

»Ich suche einen Trachtenanzug, dunkel, mit wenig Eichenlaub, Hirschhornknöpfen und Weste.«

Er hat sich das geduldig angehört, dann gemeint: »Da müssen Sie in den ersten Stock.«

Ich habe auf meinen Müssenvortrag verzichtet und bin hinaufgegangen. Ein sehr eleganter Herr kam, schaute mitleidig auf meinen Bauch und meinte vorwurfsvoll: »Sie haben eine Zwischengröße«.

Ich: »Ja, wahrscheinlich, Entschuldigung, ich esse gern.« Das war als Scherz gemeint, kam aber nicht an. Dann habe ich mein Sprücherl wieder aufgesagt: »Einen Trachtenanzug, dunkel, mit wenig Eichenlaub, Hirschhornknöpfe, dezent.«

Er hörte aufmerksam zu, ging grußlos weg und kam mit einem hellbraunen, mit viel Eichenlaub und Silberblechtaler-Knöpfen.

Ich: »Eigentlich möchte ich einen dunkelgrauen und keinen . . .«

Er: »Probieren Sie den, nur wegen der Größe.«

Ich: »Gern, aber ich könnte eigentlich auch einen dunklen probieren, ohne Eichenlaub, und außerdem paßt der sowieso nicht, der ist zu weit.«

Dann hat er einen gebracht, der so gewesen wäre, wie ich ihn wollte, aber so eng war, daß er mir zur Firmung gepaßt hätte.

Er: »Schade, daß Sie nicht die Figur dafür haben.«

Ich fing an zu schwitzen und hatte das Gefühl, daß ich immer dicker werde.

In Amerika, in New York, habe ich mir einen Anzug gekauft – na, keinen Trachten-

anzug – da ist das alles viel einfacher gegangen. Da ist man erstens freundlicher. Vielleicht gar nicht echt, aber man lächelt. Möglicherweise nur geschäftlich, aber das ist mir als Kunde wurscht, weil mit Freundlichkeit halt alles leichter geht.

Der amerikanische Anzug hat auch nicht gepaßt. Da drüben darf aber keiner passen. Ich habe ihn aber gekauft, wegen der Freundlichkeit.

Ich möchte noch bei der Freundlichkeit hängen bleiben, bei der, die nichts kostet, keine besondere Mühe macht und eigentlich selbstverständlich sein soll, weil sie den Umgang miteinander erleichtert.

Allerdings gelten für uns Bayern auch bei der Freundlichkeit andere Regeln. Wenn man uns gar zu freundlich kommt, werden wir erstmal grob, um den anderen zu prüfen. Wenn der dann immer noch freundlich bleibt, dann wird überlegt, warum der so freundlich ist. Will der mich reinlegen, oder will der was von mir? Warum benimmt sich der so unnatürlich freundlich? Also Vorsicht, nicht zuviel Freundlichkeit. Der Raffinierte, der Kenner mischt Freundlichkeit und eine Prise Grobheit.

Bei uns kommt's halt auf die Mischung an. Ja, das macht uns Bayern so einmalig und unwiderstehlich – einmalig und unwiderstehlich wie unsere Mehlspeisen, etwa den

Kirschstrudel

Den Teig kaufen wir nicht, den machen wir selber, weil er besser und billiger ist. In die Rührmaschine 200 Gramm Mehl, wenig Butter, Salz, ein Ei, ein Löffel Öl, drei bis vier Löffel lauwarmes Wasser, ein Spritzer Essig. Solange rühren, bis sich der Teig von der Schüssel löst. Den Teigballen nochmal naß machen und zugedeckt eine halbe Stunde ruhen lassen. Die Kirschen für den Strudel, (1^1/$_2$ Pfund) – gut abtrocknen und nicht entkernen. 100 Gramm Butter zerlassen, Zucker, Semmelbrösel und Zimt herrichten. Den Teig ausziehen, ich mach das auf einem feuchten Tuch. Den Teig muß man nicht so lange ausziehen, daß man eine Zeitung drunter lesen kann, aber er soll etwa die Größe einer Zeitung kriegen. Die dicken Ränder mit der Schere abschneiden. Die Teigplatte mit Butter einstreichen, eine Handvoll Semmelbrösel drauf, die Kirschen verteilen, drei Handvoll Zucker, zwei Handvoll Semmelbrösel und einen Eßlöffel Zimt drüber streuen. Was jetzt kommt, ist eine reine Mutfrage: das Einrollen. Und das geht eben mit einem feuchten Tuch leichter. Da muß man halt lang üben, aber die Kirschenzeit dauert ja fünf Wochen. Mit dem Tuch in die ausgebutterte Reine oder auf das Blech rollen. Bei guter Hitze bakken und während der Backzeit manchmal leicht mit Fett einpinseln. Zuletzt Puderzucker drauf. Und kaufen Sie nicht die teuersten Kirschen, aber sie sollen fest sein. Gut sind auch Weichseln, da brauchen Sie ein bißchen mehr Zucker. Guten Appetit.

Sie haben hoffentlich Ihre unmodern gewordenen Surfbretter und Anzüge schon auf den Müll gefahren. Wenn Sie aber weiße Bretter mit roten, grünen, schwarzen oder gelben Streifen rumstehen haben, weg damit! Segel mit einem Fenster, ganz gleich, in welcher Farbe, können Sie auch gleich dazuwerfen. Und mit einem normalen, schwarzen Surfanzug werden Sie sich wohl nicht unter die Leute wagen. Auch wenn Sie eine Latzhose haben, nützt das nichts. Das Design der Anzüge, Bretter und Segel wird völlig neu gestaltet. Einige heiße Tips für die kommende Surfing-Saison: Pastelltöne sind stark im Kommen, Zartrosa, Türkis und Blau. Von Blümchendekor rate ich noch ab, das wird erst im Jahr drauf voll durchschlagen. Bretter, Segel und Anzug selbstverständlich im Partnerlook. Bei häufigem Partnerwechsel oder -tausch empfehle ich ein neutrales Weiß, da liegen Sie in jedem Fall richtig. Sie müssen halt durchkalkulieren, was billiger kommt. Den Partner nach der Ausrüstung aussuchen, oder umgekehrt. Sie haben ja sowieso Glück, wenn Surfen auch noch die kommenden Jahre in bleibt. Denn Drachenfliegen ist stark im Kommen, und da wird die Ausrüstung teuer. Richten Sie sich also rechtzeitig auf Drachenfliegen ein. Zur Überbrückung und Vorübung sollten Sie jetzt schon Fallschirmspringen lernen. Achtung, den Fallschirm nicht vergessen. Und sollten Sie diese Zeilen in einem Jahr lesen, in dem Sie voll Stolz auf Ihr trendgerechtes blümchengemustertes Surfbrett verweisen können – schmeißen Sie's trotzdem weg und lesen S' oben nach, was nächstes Jahr in ist.

Und jetzt zu den Skifahrern. Die können gleich alles wegwerfen. Bis zu der signalroten Thermounterwäsche. Denn die muß jetzt weiß sein, aber mit einem hellblauen Zwickel. Natürlich auch im Partner- oder Familylook. Sollten Sie vom letzten Jahr einen gletscherweißen Skianzug haben, ist der trotzdem passé. Denn die Reißverschlüsse sind falsch. Die laufen da noch von oben nach unten, heuer trägt man sie von unten nach oben laufend, ätsch! Der kann von Glück sagen, dem die letzten Ski geklaut wurden, samt Bindung und Schuh. Denn mit denen kann er sich nicht mehr auf die Piste wagen, wenn sie rot oder blau sein sollten. Man trägt weiß mit zwei Stromlinien-Streifen, gegen das Ende verdickt. Also, ham S' des, ja oder nein? Sonst brauchen wir uns als modische Skifans gar nicht weiter zu unterhalten.

Ich empfehle Ihnen den günstigen Anschaffungskredit mit Zinsverbilligung, und denken Sie daran, daß auch das Auto dazu passen muß. Sollen denn all die fremden Menschen, mit denen Sie eine Stunde am Lift warten und dann 100 Meter die Piste runterfahren, nein, donnern, und unten wieder warten, sollen die alle sehen, daß Sie kein Millionär, sondern ein Normalverdiener sind? Die Tatsache, daß Sie keine Zweit-

wohnung im Gebirg haben und die Frau neben ihnen nur Ihre Frau ist, ist ja schon blamabel genug. Und der Umstand, daß Sie ausgerechnet am Wochenend in Kitz oder Moritz auftauchen, läßt ohnedies den Verdacht aufkommen, daß Sie Arbeitnehmer sind.

Also reihen auch Sie sich gefälligst ein in den Haufen der Möchtegern-Jet-Setter. Kaufen und verbrauchen Sie, geben Sie an und bedenken Sie, der Jet-Set lebt von Ihnen.

Wir haben uns daran gewöhnt, Weihnachten, Fasching, Ostern, Namens- und Geburtstag, Oktoberfest, das ganze Jahr über zu feiern. Da kann man jetzt als Ausrede sagen, die Industrie und die böse Werbung wären an allem schuld. Sie stellten die Waren her und predigten Konsum, Konsum. Das ist ihr gutes Recht, weil es Geschäftsleute sind. Aber wir müssen doch nicht alles kaufen. Wir haben die Wahl aus einem riesigen Angebot. Entscheiden müssen wir. Kaufzwang ist da eine Ausrede.

Ob wir uns einfach wieder einige Gewohnheiten von früher aneignen? Weil alles war ja nicht schlecht. Ob man es wagt, einfach ohne rot zu werden, im Geschäft nach dem Preis zu fragen? Man könnte sich erlauben, ganz unverschämt zu sagen: »Nein danke, das ist mir zu teuer.« Man könnte zum Beispiel wieder lernen, daß ein Schwein nicht nur aus Koteletts und ein Rind nicht nur aus Filet besteht.

Luxus ist was Schönes, nichts dagegen, aber er nützt sich halt ab, wenn er zum Tageskonsum wird. Dann könnten wir wieder lernen, daß nicht jeder Wunsch sofort erfüllt werden muß. Es ist manchmal ganz schön, unerfüllte Wünsche zu haben.

Wenn wir gelegentlich auf das Überflüssige verzichten oder es anderen geben – naa, nicht alles, nur einen Teil. Oder uns manchmal klarmachen, daß es uns vergleichsweise doch recht gut geht, dann wäre das schon viel. Dann könnten wir auch wieder zufriedener und fröhlicher werden.

Auf Wiedersehen
Auf Wiederhören
Auf Wiederlesen

Jedes Buch hat eine Vorgeschichte. Diese ist es wert, erzählt zu werden:

Es war an einem Herbstabend des Jahres 1983 im Cuvilliéstheater. Walter Sedlmayr und Josef Oberberger wurden mit dem Bayerischen Poetentaler der Münchner Turm-schreiber ausgezeichnet. Auf der Bühne haben sie sich kennengelernt, und vor dem Publikum gaben sie sich spontan das Versprechen: »Wir machen etwas miteinander!« – Hier ist es.

© 1984   ISBN 3–475–52414–7

Dieses Buch erscheint in der Reihe »Rosenheimer Raritäten« im Rosenheimer Verlagshaus
Alfred Förg GmbH & Co. KG, Rosenheim.
Gesetzt wurde es bei Meister-Satz in Hof, gedruckt bei Georg Appl in Wemding
und gebunden bei R. Oldenbourg in München.
Den Umschlag gestaltete Ulrich Eichberger nach einem Entwurf von Josef Oberberger.
Die verwendeten Portraits fotografierte Paul Sessner.
Das Foto auf Seite 1 stammt von Christoph Kaesbohrer, Fürstenfeldbruck,
das im Vorsatz verwendete Bild fotografierte Hermann Schulz, München.